BRO LLAMDED

BROYDD CYMRU 8

Bro Llambed

Gwilym Thomas

Argraffiad cyntaf: Mai 1999

ⓗ *Gwilym Thomas/Gwasg Carreg Gwalch*

Rhif Llyfr Safonol Rhyngwladol:
0-86381-574-X

Clawr: Smala, Caernarfon
Mapiau: Ken Lloyd Gruffydd

Argraffwyd a chyhoeddwyd gan Wasg Carreg Gwalch,
12 Iard yr Orsaf, Llanrwst, Dyffryn Conwy LL26 0EH.
☎ *(01492) 642031*

Lluniau'r clawr:
Marchnad geffylau Llanybydder, Llanbedr Pont Steffan,
Pont Llambed, Prifysgol Cymru Llanbedr Pont Steffan, Afon Teifi

Cynnwys

Gair am y Gyfres

Bob blwyddyn bydd llinyn o Eisteddfodwyr a llygad y cyfryngau Cymreig yn troi i gyfeiriad dwy fro arbennig – bro Eisteddfod yr Urdd ar ddiwedd y gwanwyn a bro'r Eisteddfod Genedlaethol ynghanol yr haf.

Yn ogystal â rhoi cyfle i fwynhau'r cystadlu a'r cyfarfod, y seremonïau a'r sgwrsio, a'r diwylliant a'r dyrfa, mae'r eisteddfodau hyn yn cynnig llawer mwy na'r Maes yn unig. Yn naturiol, mae'r ardaloedd sy'n cynnig cartref i'r eisteddfodau yn rhoi lliw eu hanes a'u llên eu hunain ar y gweithgareddau, a bydd eisteddfodwyr yn dod i adnabod bro ac yn treulio amser yn crwydro'r fro wrth ymweld â'r gwyliau.

Ers tro mae bwlch ar ein silffoedd llyfrau Cymraeg am gyfres o arweinlyfrau neu gyfeirlyfrau hwylus a difyr sy'n portreadu gwahanol ardaloedd yng Nghymru i'r darllenwyr Cymraeg. Cafwyd clamp o gyfraniad gan yr hen gyfres 'Crwydro'r Siroedd' ond bellach mae angen cyfres newydd, boblogaidd sy'n cyflwyno datblygiadau newydd i do newydd.

Dyma nod y gyfres hon – cyflwyno bro arbennig, ei phwysigrwydd ar lwybrau hanes, ei chyfraniad i ddiwylliant y genedl, ei phensaernïaeth, ei phobl a'i phrif ddiwydiannau, gyda'r prif bwyslais ar yr hyn sydd yno heddiw a'r mannau sydd o ddiddordeb i ymwelwyr, boed yn ystod yr Eisteddfod neu ar ôl hynny.

Teitlau eraill yn y gyfres:
BRO MAELOR – Aled Lewis Evans
BRO DINEFWR – Gol: Eleri Davies
GWENT – Gareth Pierce
PENLLYN – Ifor Owen
EIFIONYDD – Guto Roberts
LLŶN – Elfed Gruffydd
BRO MORGANNWG – Islwyn Jones

Diolch

Carwn ddiolch i nifer o gyfeillion, sy'n rhy niferus i'w henwi oll yma, am gymwynasau lu wrth imi ysgrifennu'r gyfrol hon. Serch hynny rhaid enwi Andrew Jones, y dynwaredwr o Gwmann a W.D. Llewelyn, cyn-ysgolfeistr Cribyn, am eu cwmni wrth imi lunio'r teithiau a ddilynais. Diolch i W.D. Llewelyn am dynnu rhai o'r lluniau hefyd ac i'r cyfeillion a roddodd lyfrau a lluniau imi ar fenthyg. Bu Dyfed Elis-Gruffydd o gryn gymorth hefyd wrth fy ngoleuo ar ddaeareg bro Llambed – pwnc dieithr iawn i mi cyn hynny, rhaid cyfaddef! Diolch i staff Gwasg Carreg Gwalch lan yn Llanrwst am eu hir amynedd; os bu unrhyw lithriad neu gam gwag yn y testun, ar fy ysgwyddau i a neb arall y mae'r bai am hynny.

Cyflwyniad

'Golud Gwlad Rhyddid' yw arwyddair Ceredigion. Ar arfbais y sir gwelir pysgodyn ac ysgub sy'n symbolau o'r môr a'r tir a fu am genedlaethau'n rhoi gwaith a chynhaliaeth i'r trigolion lleol.

Sir hirgul yw hi yn mesur saith can milltir sgwâr o Landudoch ger Aberteifi hyd Glandyfi. Mae Bae Ceredigion yn golchi'r glannau ac wrth weld y môr yn cusanu'r tir ar draeth Morfa Mawr ger Llan-non fe'n hatgoffir o chwedl enwog Cantre'r Gwaelod. Y ffin naturiol arall yw afon Teifi sy'n llifo o Byllau Teifi uwchlaw Ffair-rhos trwy Dregaron, Llambed, Llandysul a Chastellnewydd Emlyn i'r môr ger Aberteifi.

Cyfyngais y teithiau car a geir yn y gyfrol hon i amrywiol ardaloedd gan ei bod yn amhosibl cynnwys y sir gyfan. Dilynir afon Teifi o Lanfair Clydogau ac o Gellan gan gadw i'r ardaloedd o boptu'r afon. Ymwelwn â thref Llambed a phentrefi megis Cwmsychbant a Llanllwni, a Chribyn a Silian yn Nyffryn Aeron. O Lanllwni i Aberteifi cawn olwg frysiog ar Ddyffryn Teifi, heb anghofio prydferthwch Pont Henllan, Cenarth, Llangoedmor a Gwbert.

Mae arfordir y sir yn bur wahanol i Ddyffryn Teifi a chanddo fwy o atyniadau i'w cynnig. O Aberaeron i Geinewydd ac i Gwmtudu mae llwybr y môr. Mae Llangrannog, Tre-saith, Penbryn ac Aberporth yn lleoedd poblogaidd a rhaid ymweld ag eglwys fach y Mwnt ger Aberteifi.

Mae mynachlogydd Ystrad-fflur ger Tregaron a Thalyllychau ger Llandeilo o fewn cyrraedd hwylus i Lambed. Ganrifoedd yn ôl, gwlad Gatholig oedd Cymru fel y tystia'r eglwysi sy'n coffáu'r Forwyn Fair a seintiau megis Pedr yn y sir.

Ceredigion yw sir Dewi Sant. Cafodd ein nawddsant ei eni ym mhentref Llan-non a'i addysgu yn Henfynyw ger Aberaeron. Mae Eglwys Henfynyw i'w gweld ar y dde wrth fynd allan o Aberaeron am Aberteifi. Mae cofeb i Ddewi Sant i'w gweld yn eglwys Llanddewibrefi. Dyma'r pentref a gysylltir â *Llyfr yr Ancr*, llawysgrif a ysgrifennwyd ar femrwn yn 1346 a'r casgliad cynharaf o destunau crefyddol Cymraeg Canol. Fe'i cedwir heddiw yn Llyfrgell Bodley, Rhydychen.

Bwriad cyntaf yr Esgob Thomas Burgess oedd adeiladu Coleg Dewi Sant yn Llanddewibrefi.

Pan ddiddymwyd y mynachlogydd ar orchymyn Harri'r Wythfed, ildiodd y grefydd Gatholig i Brotestaniaeth. Yn ddiweddarach bu ymryson hir rhwng Anghydffurfiaeth a'r Eglwys Wladol. Sefydlwyd capeli gan wahanol enwadau a hynny'n aml mewn mannau anghysbell oherwydd yr erlid. Yng nghanol y sir mae bro a elwir yn fro'r 'Smotyn Du' lle mae nifer o gapeli Undodaidd. Ar wahân i'r Sosiniaid, fel y gelwir yr Undodiaid yn y sir, y mae capeli hefyd gan yr Annibynwyr, y Bedyddwyr, y Methodistiaid Calfinaidd a'r Wesleaid. Bu Llangeitho yn Feca i addolwyr o bell ac agos a oedd yn tyrru yno i wrando ar bregethu grymus Daniel Rowlands.

Rhaid cyfeirio at ddau gerddwr a fu ar daith trwy Lambed. Yn 1188 bu Gerallt Gymro yma yng nghwmni'r Archesgob Baldwin. Cofiwn mai pwrpas y daith hon i Archesgob Caer-

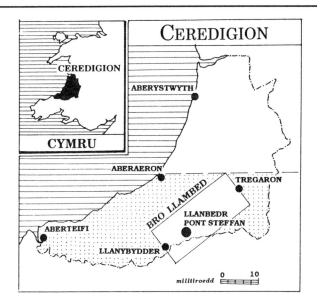

gaint oedd i recriwtio milwyr i'r drydedd grwsâd.

Yn y bedwaredd ganrif ar bymtheg bu teithiwr dyfal arall ar ei daith trwy Gymru. George Borrow oedd hwnnw ac yn rhyfedd iawn roedd yntau'n fab i swyddog recriwtio. Ysgrifennodd hanes ei deithiau yn y gyfrol *Wild Wales*. Bu'n ymweld â Llambed, Ystrad-fflur a Phonterwyd ymhlith llawer o fannau eraill.

Ffermio yw prif ddiwydiant Ceredigion heddiw ac mae ffermydd llewyrchus yn Nyffryn Teifi ac yn Nyffryn Aeron. Mae ffatrïoedd ger Felin-fach yn cynhyrchu caws ac maent wedi eu cadw'n gydnaws â'r amgylchedd. Erbyn hyn mae rhai ffermwyr yn arallgyfeirio. Ar yr arfordir deil twristiaeth ei afael ar leoedd fel Aberaeron, Ceinewydd ac Aberteifi. Mae tipyn o bysgota hefyd yn y bae yn enwedig pysgota mecryll yn yr haf.

A beth am ddaeareg y fro? Mae'r rhan fwyaf o ddigon o greigiau bro Llambed yn perthyn i'r oes Silwraidd ac fe'u ffurfiwyd rhwng oddeutu 430 a 439 o filiynau o flynyddoedd yn ôl. Dim ond yn yr ardal honno i'r gorllewin o bentrefi Cwrtnewydd, Maesycrugiau a Phencader, ac i'r de o Lansawel a Brechfa y deuir ar draws creigiau hŷn, sef y rheiny sy'n dyddio o oes ddaearegol flaenorol, yr oes Ordofigaidd.

Cerrig llaid a thywodfeini yw'r creigiau yn bennaf, a ymgasglodd ar lawr môr cymharol ddwfn ar ffurf haenau o laid a thywod mân a bras. Mae'n bosib i'r llaid a'r tywod ymgasglu'n wreiddiol mewn dŵr bas oedd yn gorchuddio sgafell o dir y tu hwnt i arfordir a orweddai tua'r dwyrain (yng nghyffiniau gororau Cymru heddiw) a'r de. Yn ddiweddarach, fodd bynnag, sgubwyd y dyddodion meddal

9

oddi ar y sgafell ac i mewn i fasn dwfn – Basn Cymru – gan rym ceryntau tyrfedd. O'r herwydd gelwir yr haenau o gerrig llaid a thywodfeini yn dyrfedditau.

Tua diwedd yr oes Silwraidd (oddeutu 410 miliwn o flynyddoedd yn ôl) cafodd yr haenau o gerrig llaid a thywodfeini eu plygu a'u torri (ffawtio) yn ystod cyfnod o symudiadau daear. Y symudiadau hyn a achosodd i echelinau'r plygion a brigiadau'r creigiau drefnu eu hunain yn llinellau y gellir eu holrhain o'r gogledd-ddwyrain tua'r de-orllewin, hyd heddiw. Dyma'r duedd sydd wedi dylanwadu ar amlinell arfordir Ceredigion, rhwng Aberystwyth a Llangrannog, a llinell dyffryn Teifi, rhwng Tregaron a Maesycrugiau.

Dyma ddyfyniad o gywydd gan Dic Jones a ysgrifennwyd i groesawu'r brifwyl genedlaethol i Lanbedr Pont Steffan yn 1984. Mae gwahoddiad yn wastad i fro Llambed a'r croeso'n ddiamau yn gynnes.

Mae pont ar afon Teifi
Sy'n cyffro'r cof ynof fi, –
Hen feini a fu unwaith
I ŵr Duw'n hwyluso'r daith,
Ffordd i'r Gair dros lifeiriant,
A beidir sych i Bedr Sant.

Mae llonni'r Cardi 'mhob cwr
Yn dir hawdd i adroddwr;
Deued, a dawnsiau'r ddeuryw
I seinio'u clocs yn ein clyw.
Y mae, o Deifi i'r môr
Wahoddiad i bob gwyddor.

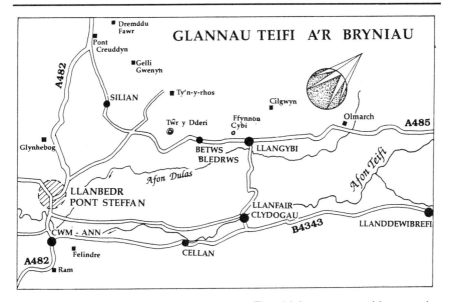

GLANNAU TEIFI A'R BRYNIAU

Glannau Teifi a'r Bryniau

O Sgwâr Harford yn Llambed ewch i lawr Ffordd y Coleg i gyfeiriad Aberaeron (A482), ond wrth fynd mas o'r dref edrychwch am fynegbost yn eich cyfeirio i droi i'r dde am Dregaron (A485).

Silian

Wedi teithio tua dwy filltir, trowch i'r chwith am bentref Silian. Gwelwch blasty Glan Denys ar y chwith. Ewch lan i ben uchaf y pentref a gadael y cerbyd gerllaw eglwys y plwyf (Eglwys Silian) neu gyferbyn â'r ysgol. Cyhoeddwyd llyfryn diddorol gan Elizabeth Megan Jones o dan y teitl *Bro Mebyd* sy'n rhoi cipolwg inni ar bentref Silian. Yn y bennod ar Eglwys Silian ceir y geiriau hyn:

Eisteddai y gwragedd yr ochr chwith, wrth fynd i mewn i'r eglwys, ac yr oedd het am ben pob dynes; eisteddai y gwŷr ar yr ochr dde. Thomas Davies, Dremddu Fawr, oedd arweinydd y gân ac yn aelod ffyddlon tu-hwnt.

Gyferbyn â phorth yr eglwys mae bedd a charreg yn coffáu Thomas Davies, Dremddu Fawr, Silian: 'Thomas Davies, Dremddu Fawr, o'r plwyf hwn. Bu farw Mawrth 10, 1915 yn 77 mlwydd oed.'

Roedd Thomas Davies yn ffigwr cyhoeddus amlwg iawn yn y rhan yma o Geredigion sy'n ffinio â Dyffryn Aeron. Ffermwr ydoedd wrth ei alwedigaeth a gŵr diwylliedig tu hwnt. Ef oedd yr unig un i anfon casgliad o weithiau'r bardd gwlad adnabyddus Cerngoch (John Jenkins, 1820-1894) i gystadleuaeth yn Eisteddfod Llangybi, 1895. Yn ddiweddarach, yn 1904,

11

cyhoeddwyd *Cerddi Cerngoch* (gydag ychwanegiadau) dan olygyddiaeth Dan Jenkins ac Ap Ceredigion. Ar ddechrau'r gyfrol ceir ychydig eiriau o eiddo Dan Jenkins:

Pan ar Bwyllgor Eisteddfod Llangybi, a gynhaliwyd Awst 14eg, 1895, cefais ganiatâd i gynyg gwobr am 'Y Casgliad goreu o weithiau Cerngoch', gyda'r amod fod y casgliad buddugol i fod yn eiddo i mi. Un casgliad ddaeth i fewn, sef eiddo 'Un hoff o hono' (Thomas Davies, Dremddufawr, Silian).

Mae meibion Thomas Davies, Dyfrig a Neville, yn feddygon. Ymfudodd Dyfrig i Ganada ond mae Neville yn dal i fyw yng Nghaerdydd ac yn treulio tipyn o'i amser yn Dremddu Fawr Hall ym Mhont Creuddyn.

Bardd gwlad oedd Cerngoch a'r mwyaf adnabyddus o feirdd gwlad niferus Dyffryn Aeron. Roedd yn un o deulu talentog a fagwyd ar aelwyd fferm Blaenplwyf ger Tal-sarn. Ychydig o addysg ffurfiol a gafodd; digon i gael crap ar ddarllen ac ysgrifennu. Priododd â Margaret Evans, Llwyncelyn-bach, Llanwenog ac ymsefydlu ar fferm go fawr Penbryn-mawr ar stad y Cyrnol John Lewes, Llanllŷr. Fel Siaci Penbryn yr adnabyddid ef yn ei ardal. Er iddo gyfansoddi nifer o gerddi hir gan gynnwys 'cerddi hela', fel awdur tribannau ac englynion y cofir amdano.

Ym mlwyddyn coffáu canmlwyddiant marw Cerngoch cyhoeddwyd argraffiad newydd o *Cerddi Cerngoch* dan olygyddiaeth D. Islwyn Edwards. Yn yr argraffiad

newydd ceir rhagymadrodd buddiol am fywyd a gwaith Cerngoch. Englyn enwocaf Cerngoch yw'r un i'r 'Morwr Colledig' a wobrwywyd gan Mynyddog yn Eisteddfod Aberaeron 1873:

Iach hwyliodd i ddychwelyd, –
ond ofer
Fu dyfais celfyddyd;
Y môr wnaeth ei gymeryd, –
Ei enw gawn, – dyna i gyd!

Gwelir yr englyn hwn ar aml i garreg fedd rhai a gollwyd ar y môr o Geinewydd i Lan-non ar arfordir Ceredigion.

Mae ffermydd llewyrchus o gwmpas pentref Silian sy'n ennill gwobrau am godi silwair, cadw tir glas, arallgyfeirio ac ati, ond mae'r pentref ei hun yn dioddef oddi wrth glefyd sy'n gyffredin i sawl pentref bach: diboblogi a chau canolfannau gwledig. Yn amser Elizabeth Megan Jones, awdur *Bro Mebyd*, roedd dwy siop yn Silian – Bryn Stores a Cambrian Stores. Heddiw nid oes yr un ohonynt yn agored. Deiliaid olaf Bryn Stores oedd teulu Timothy Evans, y tenor adnabyddus. Mae'r dafarn hefyd wedi cau ers sawl blwyddyn.

Caewyd ysgolion bach y wlad, sef ysgolion Silian, Llangybi, Llanfair Clydogau, Betws Bledrws a Chellan a'u lleoli mewn ysgol gylch newydd yn Llangybi. Trwy golli gwasanaethau fel hyn, tuedda pentrefi bach i edwino. Gwelodd y Dr Neville Davies bosibilrwydd y gellid defnyddio Ysgol Silian fel canolfan gymdeithasol. Ffurfiwyd Cymdeithas a bydd yn cyfarfod yn rheolaidd ac yn cynnal gweithgareddau amrywiol.

Yn rhifyn 5 (Awst 1969) o *Y Cardi*

Thomas Davies, Dremddu Fawr

Hen gapel a mynwent Coedgleision ger Tŵr y Dderi

ceir portread o'r grŵp Tannau Tawela a ffurfiwyd yn ystod bwrlwm canu pop y chwedegau ac a enwyd ar ôl afon fach o'r enw Tawela sy'n llifo drwy bentref Silian. Merched fferm Gelli Gwenyn yw Ann a Susan, dwy o aelodau'r grŵp. Mae Susan, sy'n athrawes, yn cyfeilio i Timothy Evans, ei chefnder. Trydydd aelod Tannau Tawela oedd Kitty Davies, ffrind i'r ddwy chwaer. Bu Kitty farw yn wraig ifanc yn gymharol ddiweddar. Mae Terwyn, ei mab, yn llais cyfarwydd ar Radio Ceredigion.

Ewch yn ôl am blasty Glan Denys a throi i'r chwith ar yr A485.

Betws Bledrws

Wrth ddod i mewn i'r pentref â'r enw rhyfedd Betws Bledrws, trowch i'r chwith gan gadw eich llygaid yn agored am stad fechan o dai. Gofynnwch am ganiatâd i barcio yno. Cerddwch lan y rhiw am ryw hanner milltir nes cyrraedd copa'r bryncyn er mwyn cael gwell golwg ar Dŵr y Dderi. (Cyn dod at y fferm ar y copa mae arwydd yn cyfeirio i'r chwith at fynwent Coedgleision.) Ar yr ochr dde mae'r tŵr i'w weld yn weddol agos yn y cae o'ch blaen. Mae wedi ei gau erbyn hyn ond ceir golygfa heddychlon o'r gwartheg yn pori o'i gwmpas.

Adeiladwyd y tŵr gwagedd hwn ar dir ystad y Dderi yn 1836. Mae'n ymestyn am gant pum deg a dwy o droedfeddi ac mae 365 o risiau cerrig y tu mewn iddo. (Un gris am bob dydd o'r flwyddyn.) Nid yw'n ddiogel bellach i ddringo'r grisiau. Ond beth oedd diben codi Tŵr y Dderi? Un esboniad yw i foneddiges y plas fynnu ei adeiladu i gadw golwg ar ei mab a

oedd yn Llundain ar y pryd. Tybed!

Ceir cyfres o englynion 'Tŵr y Dderi' gan Joseph Jenkins (brawd John Jenkins, neu Cerngoch) yn y gyfrol *Cerddi Cerngoch*. Dyma ddau ohonynt:

> Tŵr disglair ar ddae'r y Dderi –
> > godwyd
> Yn gadarn o feini;
> Mur o barhad, mawr ei bri,
> A diwael Dŵr Sant Dewi.

> Troell ddringwn yn hwn o hyd, – a'r
> > grisiau
> Sydd groesion, a'n cyfyd;
> Yn iach i'w ben uwch y byd
> I synnu'n fawr dros ennyd.

Yn 1998 dathlwyd canmlwyddiant geni Joseph Jenkins ac fe lansiwyd y gyfrol *Rhwng Dau Fyd: y Swagman o Geredigion* gan Bethan Phillips. Aeth Joseph Jenkins, ac yntau dros ei hanner cant oed, i dalaith Victoria, Awstralia a bu'n 'swagman' yno nes dychwelyd i Dregaron yn hen ŵr. Defnyddiai Joseph Jenkins yr enw barddol Amnon II. Amnon oedd enw barddol Rees Jones, Pwllffein ger Pont-siân, awdur y gyfrol o farddoniaeth *Crwth Dyffryn Cletwr*. (Mae ei ffidil a'i beithinen i'w gweld heddiw yn Sain Ffagan.)

Mae Daniel T. Evans, Llangybi – brodor o Fetws Bledrws – yn cofio Plas y Dderi yn ei anterth cyn y machlud sydyn a'i trodd yn adfail llwyr. Cofia gael gwahoddiad i'r parti Nadolig blynyddol yn y plas gyda phlant eraill ffermydd a thyddynnod stad y Dderi. Roedd yr yswain olaf, Inglis Jones, yn arddwr ac yn gerddor ac roedd ganddo organ wedi ei hadeiladu yn y plas.

Prin bellach yw olion Plas y Dderi, cartref Elizabeth Inglis Jones, awdur *Peacocks in Paradise* sydd wedi'i seilio ar hanes adfydus Plas yr Hafod. Yn ei herthygl 'Hanes y Dderi yng Ngheredigion' cawn fwy o hanes y plas a'i dynged:

Yn anffodus, diwedd trist fu i'r plas. Nid oedd gan y perchennog newydd unrhyw fwriad i fyw ynddo. Fe'i datgymalwyd, ac fe werthwyd y deunydd. Yr oedd cloc y tu allan, a dywedwyd bod pobl Llanfair yn ei glywed yn taro. Clymwyd rhaff amdano a'i dynnu â thractor nes iddo syrthio er mwyn cael y plwm a'r pres. Gwerthwyd plwm y plas am wyth can punt y tunnell. Mae peth o'r panel derw i'w weld yng ngwesty'r Castell, yn Llanbedr a hefyd yn ysbyty Treforus. Mae'r golchdy, y sgubor a'r stablau yn dal ar eu traed, ond mewn cyflwr trychinebus, gyda thyllau yn y toeon.

Gyferbyn â Thŵr y Dderi mae heol gul yn troi i'r dde. Bron ar ben yr heol hon gwelir cofeb sy'n coffáu capel a mynwent Coedgleision gerllaw. Soniodd D.T. Evans am ddechreuad achos cynnar y Bedyddwyr yn y gymdogaeth:

Nid oes sicrwydd sut y daeth y capel i fodolaeth. Credir gan rai taw aelodau wedi cael eu troi allan o Gapel y Cilgwyn, Llangybi oeddynt ar ôl adeg pryd y bu dadlau mawr yn y Cilgwyn ynglŷn âg Ariaeth, Arminiaeth a'r gred o

Ailfedyddio. Ond tebyg mai'r gwir yw, fod yna lawer o addolwyr yng Nghapel y Cilgwyn a hefyd yn y cymdogaethau cyfagos a oedd yn coleddu y syniad o Ailfedyddio.

Mae'n debyg mai adeilad digon amrwd oedd y capel cyntaf a godwyd yn 1735. Y gweinidog oedd Enoch Francis a oedd yn pregethu ac yn bedyddio llawer yn y cylchoedd hyn.

Bu amryw yn gweinidogaethu yng Nghoedgleision am bron i ganrif ond edwino a wnaeth yr achos. Pan aeth y capel yn fregus a'r gynulleidfa'n brin daeth ffawd o'u tu.

Roedd John Evans, Penygraig, Silian wedi adeiladu Capel Bethel ar ei dir ei hun ar gyfer yr Undodiaid a oedd dan ofal y Parchedig Evan Lewis, y Cilgwyn. Un nos Sul aeth i weld John ap Ioan yn bedyddio mewn cornant gerllaw Silian. Hoffodd y gwasanaeth gymaint nes y cynigiodd Gapel Bethel at eu gwasanaeth. Symudwyd o Goedgleision i Fethel, Silian yn 1831 ac mae Bethel yn addoldy i'r Bedyddwyr yn Silian hyd heddiw.

Mae Capel Coedgleision yn adfail ers tro byd ond mae'r cerrig beddau yn y fynwent ar ymyl y ffordd yn nodi'r lleoliad. Ym mynwent Coedgleision mae gweddillion Bedyddwyr cynnar glannau Teifi a adawodd y Cilgwyn.

Yn eglwys Betws Bledrws mae dau grair o gryn ddiddordeb: plât cymun ac arno'r dyddiad 1606 a ddarganfuwyd wrth atgyweirio'r eglwys yn 1892, a chaead y bedyddfaen a wnaeth un o offeiriaid y plwyf yn y bedwaredd ganrif ar bymtheg.

Mewn lle o'r enw Ty'n y Rhos, Betws Bledrws y ganed John Davis

(Hywel, 1822-1894), bardd a chlerigwr. Ceir portread Saesneg ohono yn *Cerddi Cerngoch* gyda choffâd Cymraeg yn dilyn. Yn yr un llyfr ceir detholiad o'i waith barddol. Cafodd John Davis yrfa ddisglair yng Ngholeg Dewi Sant, Llambed. Cyn ymadael â'r coleg cafodd gynnig i fod yn ddarlithydd Cymraeg yno, ond gwrthododd. Fe'i hordeiniwyd yn giwrad yn Eglwys Llanbeblig ac Eglwys y Santes Fair, Caernarfon yn 1846. Yn 1878 dewiswyd ef yn ficer Llan-lwy a Llanhywel yn sir Benfro. Gwelir ei fedd ym mynwent eglwys blwyf Betws Bledrws. Dyma englyn o'i waith a gyfansoddodd 'Ar briodas Griffith Jenkins, Pentre Felin a Miss Catherine Jones, Cwmere, Mai 1842':

Llwydd ddêl i Bentre Felin – i'w
                heiddo
A'u haddef goriesin,
Daw cig a bwyd i'w cegin,
Ag i'r gell gwrw a gwin.

Am y Davis arall, sef David Davis, bardd, pregethwr ac ysgolfeistr, dywedir iddo gael ei eni yn y Goetre Isaf, Llangybi, Ceredigion. (Mae'r hanesydd lleol, D.T. Evans, o'r farn bendant mai ym Metws Bledrws ac nid yn Llangybi y mae Goetre Isaf.)

Pan oedd yn weinidog gyda'r Undodiaid yn Llwynrhydowen, agorodd David Davis ysgol enwog yng Nghastellhywel, Pont-siân. Mae plac yno i gofio amdano. David Davis oedd cyfieithydd marwnad enwog Thomas Gray i'r Gymraeg ond ei gampwaith yw ei gyfres o englynion i blas Ffynnon Bedr. *Telyn Dewi* yw teitl ei gasgliad o gerddi. Mae ei fedd i'w weld ym mynwent eglwys Llanwenog.

Gŵr arall o'r ardal hon oedd William Walter Davies (Ohio), Athro Prifysgol ac awdur *Universal Bible Essays*.

Bachgen a faged ym Metws Bledrws yw'r bariton Gwion Thomas sydd wedi gwneud enw iddo'i hun fel canwr opera. Yn ystod ei yrfa mae Gwion wedi canu sawl opera o waith cyfansoddwyr cyfoes. Brodor o Faesteg oedd ei dad, sef y Parchedig D. Arthur Thomas, ac roedd ef yn gefnder i'r canwr Thomas Llyfnwy Thomas a ymfudodd i'r America.

Ym Metws Bledrws y mae Mrs Ethel Jones yn byw. Hi oedd athrawes gerdd Ysgol Tregaron a arweiniodd gôr enwog yr ysgol ar deithiau ar y cyfandir. Bu hefyd yn arweinydd Côr Meibion Caron.

Ewch drwy'r pentref ac yna, ymhen rhyw ddwy filltir, dewch i Langybi.

Llangybi

Wrth fynd i mewn i Langybi o gyfeiriad Betws Bledrws fe welwch Gapel Maes-y-ffynnon y Methodistiaid Calfinaidd ar y dde a man parcio cyfleus.

Mae pentref o'r enw Llangybi yng nghwmwd Eifionydd (Gwynedd) hefyd gyda hen ffynnon wedi'i chysegru i Sant Cybi yno. Felly hefyd yn Llangybi, Ceredigion. Gyferbyn â Chapel Maes-y-ffynnon mae arwydd clir yn dynodi lleoliad y ffynnon. Yn y cylchlythyr *Llygad y Ffynnon* (Cymdeithas Ffynhonnau Cymru, Rhif 1) gwelir y canlynol am Ffynnon Cybi:

Llongyfarchiadau i Gyngor Cymuned Llangybi, Ceredigion, am warchod Ffynnon Cybi dros y ffordd i Gapel Maes-y-ffynnon.

Ffynnon Cybi, Llangybi

Hen gapel y Cilgwyn, Llangybi, sydd nawr yn ganolfan yr Urdd

Maent wedi cytuno i osod arwydd yn dangos lle mae'r ffynnon ac mae Cymdeithas Ffynhonnau Cymru wedi addo rhoi braslun o hanes y ffynnon yn ddwyieithog iddynt fedru ei arddangos mewn man cyfleus. Mae hon yn hen ffynnon ac fe'i galwyd hefyd yn Ffynnon Wen. Byddai'r dŵr yn arbennig o dda at wella cryd cymalau. Wedi ymolchi yn y ffynnon arferai'r claf gerdded at gromlech gyfagos a chysgu noson o dan y cerrig. Pe deuai cwsg, deuai gwellhad. Roedd pobl yn byw yn yr ardal ar ddechrau'r ganrif a gofiai'r arferiad a'r gromlech ar Bryn Llech cyn iddi gael ei chwalu. Arferai llawer o'r pererinion ar eu ffordd i dderbyn cymun gan Daniel Rowlands yn Llangeitho aros ger y ffynnon i dorri eu syched ac i orffwyso. Oes, mae bendith i'w chael ger y dyfroedd tawel.

(Gweler hefyd *Ffynhonnau Cymru – Cyfrol 1*, Llyfrau Llafar Gwlad gan Eirlys Gruffydd, Gwasg Carreg Gwalch, 1997.)

Mae Eirlys Gruffydd a Delyth Humphreys yn gyfarwydd iawn â'r ardal oherwydd bu eu tad, y Parchedig E. Dewi Davies, yn weinidog yn y cylch o 1958-1980. Hwy a olygodd y gyfrol deyrnged i'w tad gyda'r teitl addas *Arian Byw*.

Wrth ymyl y capel mae'r tŷ capel sydd hefyd yn llythyrdy. Mae trefn felly mewn mwy nag un ardal yng Ngheredigion.

Ym mhen uchaf Llangybi mae capel arall, sef Capel Ebenezer yr Annibynwyr. Cyhoeddwyd cyfrol ar gyfer dathlu daucanmlwyddiant yr achos, *Braslun o Hanes Ebenezer, Llangybi 1772-1972*.

Yn Llangybi y lleolir ysgol ardal ar gyfer disgyblion y cylch; unwyd ysgolion bychain cyfagos i'w sefydlu ac fe'i gelwir yn Ysgol y Dderi.

Ar dir fferm y Cilgwyn y mae'r clwb golff presennol sydd i'w weld wrth droi i'r chwith ger Capel Ebenezer. Pan gaewyd Clwb Golff Ffynnon Bedr yn Llambed, agorwyd Clwb Golff y Cilgwyn yma'n Llangybi. Cwrs naw twll ydyw ac mae mewn llecyn tawel braf. Mae'n agored i'r cyhoedd ac fe geir croeso cynnes gan y stiwardiaid. Gellir cael pryd da o fwyd yma hefyd ar ôl ymlid y belen fach wen. (Lleolir y cwrs golff deunaw twll agosaf ym Mhenrhos, Llanrhystud.)

Dechreuwyd achos cyntaf yr Ymneilltuwyr yng Ngheredigion ar dir y Cilgwyn hefyd. Digwyddodd hyn yng nghyfnod Cromwell a'r Weriniaeth yn ôl Deddfau Taenu'r Efengyl 1650 a Deddf Brawf ar fedr pob pregethwr 1654. Y Parchedig Rees Powell a sefydlodd yr achos hwn, fel y sefydlodd achosion eraill yng Nghae'ronnen, Cellan a Chrugmaen ger Gors-goch. Roedd Rees Powell yn Biwritan mawr ac ar dân i bregethu i'r bobl. Wedi adferiad y brenin Charles yr Ail, pasiwyd Deddf Unffurfiaeth a thorrwyd y Parchedig Rees Powell allan o'i swydd fel ficer Llanbedr Pont Steffan, ond cafodd ddychwelyd i'r swydd honno tua 1668 wedi iddo addo na fyddai'n dal i bregethu yn yr eglwysi Ymneilltuol.

Fe'i holynwyd ef fel arweinydd Capel Cilgwyn gan Phillip Pugh o ardal Blaenpennal. Roedd ef yn ŵr hyddysg mewn Lladin a Groeg yn ogystal â Saesneg a Chymraeg. Bu'n cadw ysgol yn y Cilgwyn am gyfnod ac yno y cafodd y Parchedig Dafydd Dafis, Castellhywel ei addysg.

Bu'r ddeunawfed ganrif yn gyfnod o ddadlau diwinyddol enbyd ac yn 1772 rhwygwyd eglwys y Cilgwyn. Aeth un garfan i ymuno â'r Methodistiaid Calfinaidd yn Llwynpiod; eraill i ffurfio capel yr Annibynwyr yn Llangybi; eraill i ffurfio achos y Bedyddwyr yn Silian; ac eraill i ffurfio eglwys Undodaidd Cae'ronnen yng Nghellan.

Symudwyd y capel gwreiddiol garreg wrth garreg i'r safle presennol ym mhentref Llangybi yn 1840. Adnewyddwyd y capel hwn gan aelodau o'r Urdd a'i wneud yn ganolfan i'r Aelwyd leol yn 1984-86.

Olmarch

Rhan o Langybi, rhyw ddwy filltir o'r pentref, yw'r ardal gymdeithasol a elwir Olmarch. Brodor o'r ardal oedd D.T. Lloyd a chofiwn amdano'n bennaf fel arweinydd eisteddfodau. Bu'n ffermio yn Olmarch Uchaf cyn ymddeol i Noddfa, Llangybi. Gwraig o Geinewydd yw Mrs Lloyd a magwyd pedwar o blant ganddynt ar aelwyd ddiwylliedig. Bu Ade Lyn, Beryl, Rosanne a Wyn yn cystadlu llawer mewn eisteddfodau ond hwyrach mai Rosanne oedd y fwyaf adnabyddus o'r merched. Enillodd ddwywaith ar yr unawd cerdd dant mewn Eisteddfodau Cenedlaethol a cheir portread byr ohoni yn *Clonc* (rhifyn Eisteddfod 1984).

Roedd D.T. Lloyd yn cofio'n dda y Parchedig T.E. Nicholas (Niclas y Glais, 1879-1971), bardd ac arloesydd y Mudiad Llafur. Daeth o'r Glais i fod yn weinidog yn Llangybi a Llanddewibrefi o 1914 i 1918 – union gyfnod y Rhyfel Mawr a chyfnod digon trafferthus i'r Sosialydd. Gadawodd y weinidogaeth yn fuan ar ôl y rhyfel, yna aeth yn ddeintydd i Bontardawe ac ar ôl hynny yn Aberystwyth. Daeth yr Ail Ryfel Byd â rhagor o drafferthion i T.E. Nicholas ac i'w fab Islwyn ap Nicholas oherwydd eu daliadau gwleidyddol. Bu'r ddau yng ngharcharau Abertawe a Brixton am gyfnod. O'r lleoedd hynny y daeth cerddi Niclas (sonedau gan mwyaf) sef y cyfrolau *Llygad y Drws* a *Canu'r Carchar*. Cododd ei lais yn gryf dros heddwch ac er iddo orfod dioddef tros ei safiad di-ildio, eto ni chwerwodd.

Yn Olmarch Mawr mae Odwyn Davies yn ffermio a chyda'i wraig, Ann, sy'n brifathrawes Ysgol y Dderi, gwna waith da i'r Urdd yn y fro. Ef a sefydlodd Aelwyd yr Urdd yn hen gapel y Cilgwyn yn Llangybi.

Mewn lle o'r enw Gelligarneddau, plwyf Llangybi, y ganed William J. Lloyd neu 'Llwyd Llunden' fel y'i gelwid. Bu ef a'i wraig yn cadw tafarn y *Blue Bell* yn Llunden Fach, Tal-sarn. Mae Jenkin James yn ei ddisgrifio fel 'Un o ddynion doniolaf y sir yn ei ddydd' (*Gemau Ceredigion*, Cyfrol 1). Roedd yn gynghorydd sir, yn henadur ac yn un o nythaid o feirdd gwlad Dyffryn Aeron.

Llanfair Clydogau

Ym mhen uchaf pentref Llangybi, cyn dod at Gapel Ebenezer ar y dde, mae heol yn mynd i Lanfair Clydogau. Heol gul a throellog yw hon sy'n croesi afon Teifi, felly cymerwch ofal. Yma mae tair afonig Clywedog yn cwrdd â'i gilydd. Yn ôl yr Athro Ifor Williams, ystyr yr enw Clywedog yn syml iawn yw 'am y gellir ei chlywed o bell'.

Ffermio defaid yw'r prif ddiwydiant yn y cyffiniau hyn ond bu gweithiau plwm ac arian yma ar un adeg gyda'u holion i'w gweld ar lethrau'r mynydd uwchlaw'r pentref. Mae'r pentref yn hen ac wedi ei gynllunio'n ddestlus. Pan atgyweiriwyd yr eglwys sydd y tu allan i'r pentref, cadwyd yr hen fedyddfaen yno. Fel aml i eglwys yng Ngheredigion mae'r eglwys yn y pentref hwn wedi ei chysegru i'r Forwyn Fair.

Capel Mair yw enw capel yr Annibynwyr a fu am gyfnod hir yn rhannu gweinidogaeth gyda Chapel yr Erw, Cellan. Yn y bennod ar Nebo yn *Llawlyfr Undeb Gogledd Ceredigion, 1955* ceir y cyfeiriad hwn am weinidog a godwyd o Lanfair Clydogau:

> Yn 1822 estynnwyd galwad i D. Lloyd Morgan o Goleg y Bala, ac urddwyd ef ar 12 Gorffennaf. Brodor o Lanfair Clydogau oedd ef. Ym mis Medi 1833 symudodd i'r Tabernacl, Sgiwen. Adweinir ef yn well fel Dr D. Lloyd Morgan, yr Hope, Pont-ar-dulais, Cadeirydd yr Undeb, 1925-6.

Cyhoeddwyd cyfrol werthfawr o waith D. Lloyd Morgan, sef *Capel Mair, Llanfair Clydogau, Cyfrol y Jiwbili yn cynnwys Hanes a Dathliad ei Chanmlwyddiant, sef o Gorffennaf 1825, hyd Gorffennaf 1925* yn 1926.

Mae'r ysgol gynradd leol wedi ei chau. Prifathrawes Ysgol Llanfair Clydgoau am flynyddoedd oedd Miss Eiddwen James, Llanbedr Pont Steffan. Ysgrifennodd nifer o rigymau a cherddi ar gyfer plant yn ogystal â deunydd ar gyfer cyngherddau plant. Ysgrifennodd ddramâu a dramodigau hefyd. Gwelir nifer dda o'i chyfansoddiadau yn y gyfrol *Cymysgedd*.

Un o ddisgyblion Miss Eiddwen James yn ysgol fach Llanfair Clydogau oedd Aneurin Jenkins Jones, yntau'n awdur cyfrolau i blant ac yn olygydd *Blodau'r Ffair*, cylchgrawn cenedlaethol ysgafn a hwyliog yr Urdd a gyhoeddid rhwng 1953 ac 1977. Roedd mam Aneurin yn cadw siop y pentref yno – siop sy'n dal yn agored. Bu Aneurin yn athro mewn ysgolion yn Aberystwyth cyn cael ei benodi'n ddarlithydd yng Ngholeg y Drindod, Caerfyrddin. Cafodd ei addysg yng Ngholeg Dewi Sant, Llanbedr Pont Steffan. Yn *Deri o'n Daear Ni* a olygwyd gan D.J. Goronwy Evans ar gyfer Eisteddfod Genedlaethol Llambed 1984, mae gan Miss Norah Isaac bortread o Aneurin fel eglwyswr, gweithiwr egnïol gyda'r Urdd ac addysgwr. Dyma englyn coffa iddo gan Ifor Davies, Aberystwyth:

> Cefnodd cyn dyfod cyfnos, – Aeth ymhell,
> Hiraeth nawr sy'n aros.
> Hogyn a ddaeth yn agos
> Oedd Aneurin Jenkins Jôs.

Un arall o enwogion yr ardal yw Ben Morus (Myfyr Teifi, 1880-1913) o Lanrhyd. Fe'i haddysgwyd gan Dan Jenkins a bu'n gweithio fel argraffydd am gyfnod cyn iddo symud i Aberdâr yn ddiweddarach. Yna aeth yn aelod o staff y Llyfrgell Genedlaethol pan agorwyd hi yn 1909. Roedd Ben

Morus yn awdur toreithiog ac yn gyfrannwr cyson i'r wasg gyfnodol Gymraeg, yn enwedig i *Cymru*, Owen Edwards. Ceir rhestr gyflawn o'i ysgrifau a ymddangosodd yn *Cymru* yn *Llyfryddiaeth Ceredigion*, Glyn Lewis Jones. Hanes a llenyddiaeth Cymru a gymerai fryd Ben Morus gan mwyaf, ac ysgrifennodd lawer am draddodiadau llenyddol Aberdâr a'r cylch.

Cyn ymadael â Llanfair Clydogau rhaid cyfeirio at fardd o'r ardal y sonia D.J. Davies amdano yn y bennod ar Ifan Tomos Rhys (un o gyfeillion beirdd Cwm-du, Llechryd) yn ei gyfrol *Hanes Llannarth*. Roedd hwnnw wedi ysgrifennu cerdd ar y testun 'Y Maen Tramgwydd':

Atebwyd y Gân uchod yn fuan gan Evan Dafydd Jenkin o Gwswch, Llanfair Clydogau, gŵr da a difrifol a selog iawn dros yr Arfaethau. Argraffwyd y penillion hyn yn 1799 gan John Evans, heol y Prior, Caerfyrddin, dan yr enw, Y Maen Tramgwydd.

Cellan

Mae dwy ffordd yn mynd o Lanfair Clydogau i Lanbedr Pont Steffan. Cymerwch y ffordd heibio eglwys Llanfair a mynd ymlaen am bentref Cellan. Cyn dod i mewn i'r pentref cadwch lygad agored am eglwys Cellan a chael cyfle i oedi tipyn yno. Yn 1799 y rhoddwyd to llechi ar yr eglwys am y tro cyntaf. (Y tebyg yw mai to gwellt oedd iddi cynt.) Mae'n debyg fod yno ysbyty hefyd a cheir sôn am 'erw y gwahanglwyfion' yno yn 1294. Yr oedd 'ffenest y

gwahanglwyfion' yn yr eglwys hefyd. (Am hanes yr eglwys a'r plwyf gweler *The History of Cellan* gan Yvonne Carr. Cyhoeddiad preifat ydyw.)

Mae'n amheus gennyf a all unrhyw bentref bychan arall yng Nghymru ymffrostio yn y ffaith i ddau ysgolhaig arbennig o ddisglair gael eu magu gerllaw. Yng Nghellan y maged Moses Williams a Griffith John Williams.

Ganed Moses Williams yn y Glaslwyn, Cellan yn 1685, yn fab i Samuel Williams, Llandyfrïog. Derbyniodd ei addysg yn ysgol ramadeg Caerfyrddin a choleg Rhydychen lle graddiodd yn 1708. Bu'n gynorthwyydd i Edward Lhuyd yn llyfrgell Amgueddfa Ashmole, Rhydychen ac yna fe'i penodwyd yn aelod o staff Llyfrgell Bodley. Derbyniodd urddau eglwysig a rhoddwyd iddo fywoliaeth Llanwenog yn 1715 cyn ei ethol yn F.R.S. yn 1719. Yn ein canrif ni etholwyd gwyddonydd disglair arall o fro Llambed i'r un gymdeithas, sef Dr E.J. Williams, Cwmsychbant.

Ar yr ail o Fawrth, 1685 y ganed Moses Williams ac ar yr ail o Fawrth, 1742 y'i claddwyd ym mynwent Bridgwater. Ei gofiannydd oedd John Davies.

Mae Griffith John Williams yn llawn haeddu'r gofod helaeth a roddir iddo yn *Y Bywgraffiadur Cymreig 1951-1970*. Yn *Deri o'n Daear Ni* ceir pennod amdano a ysgrifennwyd gan y Parchedig D. Morlais Jones. Mae hon yn bennod bwysig iawn gan ein bod yn cofnodi hanes rhieni y ddau frawd (D. Mathew Williams yw'r llall):

Meibion oeddynt i John ac Ann

Williams a magwyd hwy yng Nghellan . . . Enw'r cartref oedd Cellan Cwrt – enw a roed iddo pan oedd capten gwaith mwyn Llanfair Clydogau yn byw ynddo. Roedd yr enw hwn yn wahanol iawn i'r hen enw ar y tŷ, sef 'Lluest y Broga'.

Gof oedd y tad, yntau o deulu o ofaint. (Ar sgwâr Cellan wrth wynebu tua Llambed, trowch ychydig ar y ffordd i'r chwith ac fe welwch hen efail y teulu. Mae'r tŷ a'r efail wedi'u moderneiddio heddiw yn dŷ byw cysurus.) Byddai'n ddiddorol llunio rhestr o ofaint y sir a fagodd blant talentog a disglair, ond rhaid ymatal yma oherwydd prinder gofod.

Roedd crefftwyr yn nheulu mam G.J. a D. Mathew Williams hefyd ond seiri oeddynt hwy.

Roedd Griffith John Williams yn un o ddisgyblion galluocaf Ysgol Sir Tregaron ar ddechrau'r ugeinfed ganrif. (Aeth nifer o'r disgyblion ymlaen i Goleg Prifysgol Cymru, Aberystwyth.) Fe'i penodwyd yn ddarlithydd yn Adran y Gymraeg Coleg Prifysgol Cymru, Caerdydd ac yna'n bennaeth yr adran i olynu'r Athro W.J. Gruffydd. Cymerodd hanes traddodiad barddol Morgannwg yn faes astudiaeth oes. Aeth ar drywydd Iolo Morganwg (Edward Williams) gan ddatgelu nad oedd nifer o gywyddau a dadogwyd gan Iolo i Ddafydd ap Gwilym yn ddilys. Medd Aneirin Lewis yn *Y Bywgraffiadur Cymreig 1951-1970*:

Yn y cyfnod hwn hefyd, bu'n rhaid iddo amddiffyn ei ysgolheictod yn y wasg gyhoeddus yn wyneb ymosodiadau ffyrnig gwŷr amlwg megis W. Llewelyn Williams (Bywg. 1020) na fynnai glywed y gwir am ffugiadau Iolo Morganwg.

Mae'n debyg y gallai Griffith John Williams fod wedi canolbwyntio ar astudiaethau gwyddonol. Mathemateg oedd un o'i bynciau ym Mhrifysgol Aberystwyth. Graddio mewn cemeg wnaeth ei frawd iau, D. Mathew Williams, a gallasai yntau fod wedi cymryd Cymraeg fel maes ei astudiaeth yntau. O dan y ffugenw Ieuan Griffiths ysgrifennodd nifer o ddramâu a bu llawer yn eu perfformio, dramâu megis *Awel Dro, Dirgel Ffyrdd, Y Fflam Leilac, Tarfu'r C'lomennod, Lluest y Bwci, Ciwrat yn y Pair* ac eraill. Cofiwn hefyd i Idwal Jones gyflwyno ei gyfrol *Cerddi Digri Newydd* i'w gyfaill D. Mathew Williams 'sydd yn credu, fel finnau, nad yw ein gwlad fach ni yn cymryd ei digrifwch yn ddigon difrifol'.

Gwasanaethodd D. Mathew Williams fel arolygwr o dan y Weinyddiaeth Addysg, gan ymddeol i Lanelli lle bu'n un o brif symbylwyr sefydlu'r ysgol Gymraeg gyntaf o dan awdurdod lleol.

Arhoswn ym myd addysg. Merch alluog a faged yn y fro oedd Sali H. Davies, Llwyn Ifan, Cellan. Gwnaeth waith da fel athrawes a phennaeth Adran y Gymraeg yn Ysgol Uwchradd Llanbedr Pont Steffan. Roedd yn Undodwraig, yn Bleidwraig, yn gyn-Lywydd U.C.A.C. ac yn un a oedd yn gefnogol i'r Urdd a phob mudiad Cymraeg arall. Hi hefyd oedd Cadeirydd Pwyllgor Gwaith Eisteddfod yr Urdd Llambed, 1959. Ar ôl ymddeol gwrthododd dderbyn pensiwn nes cael ffurflen gais Gymraeg.

Yn y Lliwdy y ganed Thomas John Evans (T.J.). Un o Lanrhyd, Llanfair Clydogau oedd ei dad a'i fam o Bensingrig, Cellan. Roedd T.J. Evans yn amlwg ym mywyd Llundain ar ddiwedd y bedwaredd ganrif ar bymtheg a dechrau'r ugeinfed ganrif. Yn 1895 sefydlodd *Celt Llundain*, newyddiadur wythnosol dwyieithog, ac oddieithr am ddau dymor byr yn ystod rhyfel 1914-18, bu'n ei olygu am gyfnod o ugain mlynedd.

Diolch i'r sawl oedd yn gyfrifol am gynnwys John Thomas y ffotograffydd ym Mhanel Enwogion Eisteddfod Genedlaethol Llambed, 1984. Ganed ef yng Nglan-rhyd, Cellan yn 1838 ond mae olion y tŷ wedi llwyr ddiflannu ac nid oes neb yn sicr o'i leoliad ychwaith. Roedd yn arloeswr ym myd ffotograffiaeth. Sefydlodd Oriel y Cambrian a threfnodd i werthu'r casgliad mawr i O.M. Edwards am bris rhesymol. Mae'r casgliad hwnnw wedi ei ddiogelu yn y Llyfrgell Genedlaethol yn Aberystwyth heddiw.

Mae dau gapel yng Nghellan: Capel Cae'ronnen yr Undodiaid a Chapel yr Erw yr Annibynwyr. (Ger mynedfa Capel yr Erw, Cellan y mae bedd y doethor Griffith John Williams.)

Fel hyn y crynhoa'r hanesydd T.O. Williams gefndir yr achos yng Nghae'ronnen yn y gyfrol *Y Smotiau Duon*:

O hen Eglwys Aberteifi a grynhowyd gan Rice Powell o 1653-1659, a fugeiliwyd wedi iddo gydffurfio gan ryw David Jones, Evan Hughes, John Evans, John Hanmer, Morgan, ac eraill a drowyd allan yn ystod 1660-1662 y tardd hen Eglwys Cae'ronnen.

Gwelir yn yr eglwys hen lestri piwter ac fe drosglwyddwyd llestri cymun achos Undodaidd Cymraeg Llundain (achos a ddaeth i ben yn 1976) i ofal yr hen eglwys hon.

Mae nifer o gapeli yr Undodiaid o gwmpas Llambed; cyfrol ddifyr yn olrhain eu hanes yw *Y Smotiau Duon* gan D. Elwyn Davies (gol.). Yn fras, gwlad y Smotyn Du yw de Ceredigion, o Gellan i Landysul ac i Giliau Aeron tua'r môr. Credo grefyddol yr Undodiaid yw gwadu athroniaeth y Drindod a duwdod Iesu Grist. (Ymhlith Undodiaid enwog mae Joseph Priestley, Florence Nightingale a Frank Lloyd Wright.)

Dwy ferch sydd â chysylltiad agos â Chellan yw Margaret Jones ac Eleri Davies o Gwmni Bwyd Dolen sy'n arlwyo prydau blasus inni ar feysydd ein gwyliau cenedlaethol.

Daeth y Parchedig D. Morlais Jones i'w ofalaeth gyntaf yn Llanfair Clydogau a Chellan (1940-47). Bu'n gweinidogaethu wedyn ym Mhontypridd, Tal-y-bont (Ceredigion) ac yn Ffair-fach (Llandeilo) cyn dod 'nôl i ymddeol i Gellan. Roedd yn bregethwr da iawn ac yn gwmnïwr diddan gyda diddordeb mawr mewn ystyron geiriau. Enillodd gystadleuaeth ym Mhrifwyl Aberystwyth 1952 – 'Rhamant 100 o Eiriau' gydag R.J. Thomas yn beirniadu.

O fynd ymlaen o Gellan ar ffordd y B4343 i Gwm-ann, heibio i Gapel yr Erw (A) ar y chwith dewch at fferm Coedmor Hall ac yna fferm Felindre

Uchaf. Yno y mae Andrew Jones yn byw. Daeth yn adnabyddus ar y cyfryngau fel dynwaredwr gwleidyddion ac archdderwyddon yn bennaf. Gŵr ifanc ydyw a raddiodd yng Ngholeg y Brifysgol, Aberystwyth ond a ddewisodd aros gartref i ffermio.

Er mwyn dychwelyd i Lambed, daliwch i deithio ar y B4343 nes cyrraedd ffordd yr A482. Trowch i'r dde ar y gyffordd a pharhau yn ôl am Lambed.

Taith i'r Unigeddau

O sgwâr Cellan trowch i'r chwith a dilyn yr arwydd sy'n cyfeirio at hen bentref Pentre Felin. Bu Pentre Felin yn gymuned eithaf prysur ar un adeg gyda melin flawd, gweithdai a siop yno. Ychydig o dai sydd yno heddiw. Yn y siop y maged D.T. Evans a symudodd gyda'i deulu i fyw i Lundain. Daeth yn amlwg iawn ym mywyd Cymraeg y ddinas, yn weithgar gyda mudiad Cymorth Cristnogol ac yn ysgrifennydd Cymanfa Undebol Llundain. Cyhoeddwyd casgliad o'i emynau dan y teitl *Unwn Gyda'n Gilydd* yn 1994.

Yn awr byddwch yn dechrau dringo o ddifrif a gwelwch yr enw Llwyn Ifan ble maged Sali H. Davies.

Mae olion Rhufeinig ar y bryndir hwn. Yma mae Caer Cadwgan sydd i'w gweld o bob cyfeiriad bron ac ar y mynydd y mae'r meini Carreg y Bwci a Charreg Hirfaen i'w gweld. Nid rhyfedd hynny gan nad yw Llanio ymhell oddi yma. Roedd gwersyll Rhufeinig yn Llanio gerllaw Llanddewibrefi ac mae rhan o ffordd Rufeinig Sarn Helen i'w gweld o sgwâr *Stag's Head*, Llangeitho – ffordd unionsyth fel saeth.

Mae yma ffermydd hefyd. Blaenau yw un, sef blaen y mynydd. Yno y maged Llinos ac Elisabeth o'r grŵp Perlau gynt. Cae'ronnen yw'r fferm arall. Yma y dechreuodd achos yr Undodiaid cyn symud i'r capel presennol yn y pentref.

Yn 1897 codwyd Capel Esgair Las. Paham y codwyd y capel hwn mewn lle mor diarffordd? Yn ôl Andrew Jones roedd y capel, yn ogystal â bod yn addoldy, yn ganolfan gymdeithasol a diwylliannol lle cynhelid cyfarfodydd cystadleuol, dadlau, *penny-readings* ac ati.

Dewch allan yn yr heol fynydd sy'n cysylltu Llanddewibrefi a Ffarmers, yna trowch i'r dde. Wrth gyrraedd pentref Ffarmers dewch i groesffordd lle mae tafarn y *Drovers* ar y dde. Cymerwch y ffordd ar y chwith lan y rhiw. Ar yr ochr dde mae efail y gof a'r drws yn agored led y pen. Yma bydd Mr Morgan y gof a'i fab yn parhau â galwedigaeth sawl cenhedlaeth. Mae cyfeiliant corws yr eingion yn ein hatgoffa o fyd yr opera. Yma mae Shân Cothi y gantores adnabyddus yn byw. Mae hi'n aelod o'r grŵp Cwlwm, sydd bellach yn canu ac yn darlledu'n broffesiynol. Mae ganddi raglen deledu lwyddiannus iawn hefyd.

Llan-y-crwys a Ffaldybrenin

Llan-y-crwys a Ffaldybrenin sydd nesaf. Mae eglwys fach Llan-y-crwys ar glo ond yn y cyntedd mae carden ar yr hysbysfwrdd yn rhoi'r cyfeiriad ble gellir cael yr allwedd. Gerllaw'r eglwys hon y mae'r 'ffald' sydd (meddir) yn rhoi'r enw i'r pentref.

Hyd yn hyn mae ysgolion Ffarmers a Llan-y-crwys yn agored. Mae ysgol

Llan-y-crwys yn ein hatgoffa o lyfr *Cerddi Ysgol Llanycrwys* gan Daniel Jenkins, Pentre Felin, Tal-sarn. Lluniwyd y gyfrol ar gyfer cyngherddau Gŵyl Ddewi yn yr ysgol lle'r oedd ef yn ysgolfeistr. Gwahoddodd nifer o feirdd i gyfrannu. Mae yntau yn un o deulu Cerngoch ac fe'i hadwaenid fel 'archdderwydd y maes' yn yr Eisteddfod Genedlaethol oherwydd ei hoffter o gymysgu gyda beirdd.

O groesi afon Camnant dyma ni ar sgwâr Ffaldybrenin. Mae yma gapel mawr iawn sy'n perthyn i'r Annibynwyr. Adeiladwyd hwn yn 1833 ac yn Saesneg y mae'r arysgrif ar ei dalcen. Y tu mewn mae coflech i Evan Davies, M.A., Ll.D. Fe'i ganed yn y Gelli ym mhlwyf Llan-y-crwys yn 1826. Aeth i Academi Ffrwd-fâl, sef un o academïau'r Annibynwyr yn sir Gâr. Oddi yno aeth i Brifysgol Glasgow lle graddiodd. Evan Davies oedd prifathro cyntaf coleg hyfforddi athrawon Aberhonddu. Yna, ymroes i astudio'r gyfraith a dod yn gyfreithiwr. Yr oedd hefyd yn gerddor medrus fel y tystia'r garreg goffa yng nghapel Ffaldybrenin: 'Rhoddodd fywyd newydd yng nghaniadaeth y Cysegr yn Neheubarth Cymru.' Roedd yn ŵr galluog ac yn ysgolhaig amryddawn i'w ryfeddu.

Gyferbyn â'r capel yr oedd efail y gof. Mae'r adeilad wedi diflannu ond cadwyd y goflech sydd ar y mur gyda'r geiriau hyn arni:

Yn yr adeilad hwn y ganwyd Timothy Richard, Hydref 10, 1845. Ef oedd Rhodd Fawr Cymdeithas Genhadol y Bedyddwyr a Chenedl y Cymry i China.

Ysgrifennodd Cyril G. Williams gyfrol am y gwron hwn, sef *Timothy Richard (o Ffaldybrenin i China)*.

Yn Erwion, Ffaldybrenin yr oedd Kilsby Jones (1813-89) yn byw pan oedd yn cadw ysgol yn y pentref. James Rhys Jones oedd ei enw ond cymerodd yr enw Kilsby ar ôl bod yn weinidog yn Kilsby (swydd Northampton). Gweinidog gyda'r Annibynwyr a golygydd ydoedd. Fe'i ganed ym Mhen-lan, Llanymddyfri ac fe'i haddysgwyd yn Academi Neuadd-lwyd ger Aberaeron. Dyma hanes un digwyddiad am Kilsby a groniclwyd gan Daniel Jenkins, Llan-y-crwys:

Pan osodwyd carreg sylfaen yr ail Dŷ Cwrdd yn Ffaldybrenin aeth yr athro a'r plant i fod yn dystion o'r Seremoni, a chyda gwialen gref, rhoddodd warrod* i bob un, (yn ysgafn i'r rhai ieuaf) fel y byddai yn help iddynt gofio!

*warrod – ffonodio, curo â chansen

Cynghorwyd fi gan gyfaill i alw gydag Islwyn Walters, bardd, ymchwilydd ac hanesydd lleol. Ar wahân i Evan Davies, Gelli, sy'n cael ei goffáu yn y capel, dim ond Islwyn Walters all sôn am bobl eraill fel William Davies, Ffrwd-fâl (athro arall) a Dr Dan Evans (tad Wil Ifan) a gafodd ei eni yn Nhy'n Wein, Ffaldybrenin. Bu ef yn weinidog ar eglwysi Hawen (Rhydlewis) a Bryngwenith yng Ngheredigion.

Gweinidog arall a faged yn y pentref oedd D.E. Williams, Rhos-y-bedw a fu'n weinidog ar Eglwys Caersalem, Pontyberem.

Fel llawer i bentref arall roedd côr cymysg Ffaldybrenin yn un adnabyddus mewn eisteddfodau.

Thomas Price, Wernfendigaid oedd yr arweinydd am flynyddoedd, ewythr i Islwyn Walters.

Erbyn hyn mae gan Islwyn lawer o offer cyfrifiadurol sy'n ei alluogi i storio'r wybodaeth a gasglodd. Gobeithio y cawn lyfr ganddo cyn bo hir.

Ewch ymlaen ar hyd y ffordd o Ffaldybrenin a dod i brifffordd A482. Trowch i'r dde yn ôl am Lambed. Yn nes ymlaen ar y ffordd cadwch eich llygaid ar agor am Dafarn Jem ar yr ochr chwith. Soniodd D.J. Williams am y dafarn hon yn ei ddau hunangofiant, ac am y ffermwyr oedd yn galw yno i dorri eu syched. Cafodd y dafarn ei henwi ar ôl gwraig o'r enw Jem a fu'n cadw'r lle am amser maith.

Ymlaen ychydig eto; ar y dde mae Cysgod y Pîn ac yno mae teulu Eirian a Meinir Jones yn byw. Mae'r ddeuawd gynt nawr yn athrawesau. Mae ganddynt gôr plant sef Côr Dwynant: Meinir yn arwain ac Eirian yn cyfeilio. Mae galw mawr am y côr hwn i gynnal cyngherddau a bydd hefyd yn cystadlu mewn eisteddfodau cyfagos o dro i dro.

Ewch trwy bentref Harford, wedi ei enwi ar ôl y teulu Harford. Cefais fy atgoffa gan Islwyn Walters mai ym Mhenrhiw-celyn, Ffaldybrenin y ganed y Parchedig D. Harford Evans (gweinidog Jerwsalem, Pen-bre).

Hwyrach y bydd y daith hon yn apelio mwy at ddaearegwyr ond gallwch (os dymunwch) wneud taith fyrrach o Lambed i Ffaldybrenin. Ewch trwy bentref Cwm-ann a throi i'r chwith wrth dafarn y *Ram* a chymryd yr heol fynydd heibio i fferm Talfedw. Mae arwyddion clir yn eich cyfeirio i Ffaldybrenin.

Cwm-ann

Cyn cyrraedd Llambed dewch i bentref Cwm-ann ar yr A482. I ni'r Cardis mae pentref Cwm-ann ar ochr anghywir afon Teifi! Ond mae gan y shir-Gârwyr eu hateb chwim, sef 'Mae'n dibynnu'n gywir ar ba ochor i'r afon 'ych chi'n sefyll'! Y gwir yw mai afon Teifi'n unig sy'n gwahanu Cwm-ann oddi wrth Lambed ond mae pont dros yr afon. Gan fod Cwm-ann mor agos i dref Caerfyrddin mae llawer o gydweithio rhwng y ddau le, er bod gan Cwm-ann ei chymdeithasau a'i gweithgareddau ei hun.

Ychydig iawn sydd wedi cael ei ysgrifennu am Gwm-ann. Cyhoeddwyd llyfr yn dwyn y teitl *Hanes Plwyf Pencarreg* gan aelodau Clwb Ffermwyr Ieuainc Cwm-ann yn 1976 ac enillodd y clwb gweithgar hwn y wobr gyntaf yng nghystadleuaeth arbennig Cynllun Gwlad y Clybiau Ffermwyr Ieuainc. Yn y gyfrol dywedir bod pentref Cwm-ann gynt wedi ei rannu'n bedair ardal, sef Cwm-ann, Treherbert, New York a'r Ram. Mae tref yn y Rhondda Fawr o'r enw Treherbert, a *Ram* yw enw'r dafarn ym mhen uchaf Cwm-ann, ond ni wn pam New York.

Mae'r rhan fwyaf o bentref Cwm-ann ar un stryd sy'n ymestyn am bron i filltir. Bellach mae llawer o adeiladu tai yn y pentref, yn enwedig ar y ffordd mas i Gaerfyrddin.

Yn y gyfrol *Hanes Plwyf Pencarreg* ceir hanes ysgolion Dolgwm (1877-1969) ac Esgairdawe (1877-1959) yn ogystal â Choedmor. O'r tair dim ond

Aeloduu'r grŵp Cwlwm

Tafarn Modryb Jem

Ysgol Coedmor, Cwm-ann sy'n agored heddiw. Mae ychydig mwy na hanner cant o blant yn ei mynychu. Fe'i hagorwyd ar y 6ed o Ragfyr, 1875 gydag I.R. Rufus Davies yn brifathro. Cyn hynny bu mwy nag un o ysgolion cylchynol Gruffydd Jones, Llanddowror ym mhlwyf Pencarreg; cynhaliwyd ysgol yn ffermdy Talfedw yn 1767.

Ganrif a blwyddyn wedi hynny, yn 1868, ganed mathemategwr disglair yn Nhalfedw, sef William Lewis a ddaeth yn brifathro cyntaf Ysgol Ramadeg Llandysul. Gŵr a chanddo radd dosbarth cyntaf mewn mathemateg o Goleg y Frenhines, Caergrawnt ydoedd. Gwnaeth waith arbennig yn sefydlu'r ysgol uwchradd wladol yn sir Aberteifi.

Ar ddechrau'r bedwaredd ganrif ar bymtheg roedd y Bedyddwyr a'r Annibynwyr yn gyfarwydd â chydaddoli mewn tai annedd fel Glanrhyd. Dyma fel y croniclir yr hanes yn *Hanes Plwyf Pencarreg*:

> Yn 1840, pregethai un o'r brodyr o Eglwys Fedyddiedig Aberduar (Llanybydder) yno, ac o ganlyniad ewyllysiodd rhai o'r gynulleidfa gael ordinhad drwy fedydd. Ni chytunai'r Annibynwyr â'r syniad hyn a daeth ysgariad.

> Symudodd y Bedyddwyr o Glanrhyd i Danlan i addoli, ond ni fuont yno yn hir. Aethant ati i godi capel eu hunain rhyw ganllath yr ochr uchaf i bentref Parcyrhos a galwyd ef yn Caersalem. Y Parchedig John Williams, gweinidog Aberduar a fu'n bwrw

golwg dros yr eglwys am y blynyddoedd cyntaf.

O fynd ymlaen ar hyd y ffordd o Gapel Caersalem, Parc-y-rhos i fyny tua'r tŵr trosglwyddo rhaglenni teledu ar Fynydd Pencarreg, byddwch yn mynd heibio plasty Capel Stŵr. Enw rhyfedd ar blasty hefyd. Beth yw tarddiad yr enw tybed?

Mae Capel Bethel yr Annibynwyr yn uwch i fyny na Chaersalem ac yn rhwyddach i'w gyrraedd o ffordd yr A482. Mae ar y llaw dde wedi mynd heibio tafarn y *Ram* ac ychydig lathenni o'r ffordd fawr. Cyhoeddwyd *Hanes Bethel, Parc-y-rhos at Gyrddau Dathlu ei Chanmlwydd* gan T. Eirug Davies yn 1940.

Pan sefydlodd y Bedyddwyr achos yn Tanlan, arhosodd yr Annibynwyr ar ôl yng Nglanrhyd yn 1840. Yn 1841 rhoddwyd galwad i'r Dr William Davies, Ysgol Ffrwd-fâl. Cymaint oedd egni cynulleidfa Glanrhyd gyda Diwygiad 1859 fel y penderfynwyd codi capel newydd. Yn 1886 unwyd Bethel, Parc-y-rhos a Soar, Llambed. (Yn ddiweddarach daeth eglwysi Esgerdawe a Ffaldybrenin i'r ofalaeth.) Yn 1901 adeiladwyd y festri. Yn 1963 difrodwyd rhan o'r capel gan dân. Bu hyn yn symbyliad i'r aelodau godi arian i'w atgyweirio a gwneud gwelliannau.

Cyn gadael Parc-y-rhos daw i'm cof y triban o waith beirdd sir Aberteifi mewn ymryson yn Aberystwyth. Y meuryn (T.H. Parry-Williams) a roddodd y ddwy linell gyntaf a dyma'r triban yn gyfan:

Wrth fynd mewn car hen ffasiwn
A brynwyd mewn rhyw ocsiwn:

Aeth hen weinidog Parc-y-rhos
I'r ffos, yn lle i'r sasiwn.

Nid oes capel Methodistaidd ym
Mharc-y-rhos, am wn i, ond mae'n
driban gwych.

Awdl Gareth Lloyd James o Gwm-
ann a gipiodd y gadair yn Eisteddfod
Genedlaethol yr Urdd Llŷn ac
Eifionydd 1998 am awdl yn disgrifio ei
ymweliad â'r Ysgwrn, sef cartref Hedd
Wyn yn Nhrawsfynydd.

Bardd arall a fu'n dal cysylltiad â
Chwm-ann a Llambed yw Islwyn
Edwards. Enillodd ef y gadair yn
Eisteddfod Genedlaethol yr Urdd,
Pontypridd yn 1973 am ei bryddest 'Y
Tir Du'. Roedd Islwyn wedi symud i
fyw y tu fas i Gwm-ann pan enillodd y
gadair ond o'i hen gartref yn Ffair-rhos
yr anfonodd ei bryddest fuddugol. Bu'n
fyfyriwr yng Ngholeg Llambed ac yn
byw am gyfnod yn y dref.

Gan fod tipyn o ffordd o Gwm-ann i
Bencarreg, gwelodd y Parchedig D.D.
Evans (ficer y plwyf rhwng 1890 ac
1893) yr angen am gael eglwys yng
Nghwm-ann. Ar y dechrau byddai'r
addolwyr yn cwrdd mewn bwthyn o'r
enw Efail-fach. Prynwyd darn o dir ac
adeiladwyd yr eglwys gyferbyn â'r hen
fwthyn. Mae i'w gweld ar yr ochr dde o
gyfeiriad Llambed. Cysegrwyd yr
eglwys newydd i Sant Iago ac fe'i
hagorwyd i addoli ynddi yn 1890. Gan
fod cyfarfodydd a chyngherddau yn
cael eu cynnal ynddi, ni chysegrwyd hi
tan hanner can mlynedd ar ôl ei hagor.
O'r dechrau deuai myfyrwyr o Goleg
Dewi Sant (coleg i offeiriadon bryd
hynny) i gael profiad o gynnal
gwasanaethau yn yr eglwys.

Yn y pumdegau cynnar dechreuwyd
codi arian er mwyn adeiladu neuadd
yn y pentref – neuadd yr eglwys. Un
nos Sulgwyn daeth Mr Sandy
Macpherson i roi datganiad ar ei organ
Hammond. Roedd y datganiad hwnnw
a'r eisteddfodau blynyddol a gynhelid
ar gae yn Llambed yn rhan o'r
gweithgareddau i glirio'r ddyled.

Mae pafiliwn chwaraeon a pharc
ger sgwâr y *Ram*. Er mwyn chwyddo'r
gronfa i gael parc chwarae i'r plant,
ffurfiwyd Côr Meibion Cwm-ann yn
1964. Yr arweinydd cyntaf oedd Mr
Oliver Williams a bu ef wrthi am nifer o
flynyddoedd. Yna cymerodd Mr Elwyn
Davies yr awenau cyn trosglwyddo'r
baton i Mrs Elonwy Davies. Mae'r
ddau yn byw yn Llanybydder: Elwyn
yn amlwg gyda'r canu yn Eglwys
Aberduar (B) ac Elonwy yn Rhydybont
(A).

Gerllaw'r parc a chyferbyn â
thafarn y *Lock and Key* mae'r fynedfa i
blasty Coedmor Fawr, Cwm-ann. Hwn
oedd cartref y Parchedig Phillip Pugh
a briododd ferch y plasty. Roedd ef yn
ddisgynnydd i David Pugh, Ysw.,
Aelod Seneddol tros ddwyrain sir
Gaerfyrddin ac Uchel Sirydd sir
Gaerfyrddin yn 1747.

Daeth dau o weinidogion yr
Annibynwyr i ymddeol i Gwm-ann sef y
Parchedig Ddr. Cyril G. Williams (priod
Irene Williams) a'r Parchedig Ddr.
Emlyn G. Jenkins.

I ddychwelyd yn ôl o Gwm-ann i
Lambed, ewch yn ôl ar ffordd yr A482
a throi i'r chwith tros bont afon Teifi.
Yna fe gyrhaeddwch Lambed.

Yn Shir Gâr

O Sgwâr Harford yn Llambed ewch i lawr Stryd y Bont cyn croesi afon Teifi. Yna cymerwch y troad cyntaf ar y dde am heol Caerfyrddin (A485) a pharhau nes dod i bentref Pencarreg.

Pencarreg

Pentref bach rhwng Llambed a Llanybydder yw Pencarreg. Mae dwy afon – Dolgwm ac Aberdwr – yn llifo y naill ochr a'r llall i'r pentref ac yn ffurfio'r ffiniau rhwng plwyfi Pencarreg a Llanybydder.

Mae eglwys y plwyf (Eglwys Sant Padrig) wedi ei hadeiladu uwchlaw'r pentref a hynny ar dir creigiog. Cyfeiriwyd at *'the Church of Pencarrek in the diocese of St. Davids'* ar y 3ydd o Ragfyr, 1308 (yn ystod teyrnasiad Edward yr Ail) pan gyflwynwyd gŵr o'r enw William Le Hore i Eglwys Pencarreg, a hynny yn Westminster.

Adnewyddwyd yr eglwys yn 1878-79. Nid oes tŵr iddi ond mae clochdy yn rhan o'r adeilad. Mae'r bedyddfaen o ddiddordeb neilltuol. Lluniwyd y cawg o garreg galch (diameter allanol 21½ modfedd ac 18 modfedd y tu mewn). Ceir pedwar wyneb sy'n portreadu'r Iesu wedi eu cerfio ar y bedyddfaen: Iesu yn ifanc, Iesu yn ddyn, y croeshoeliedig a'r Iesu wedi ei goroni. Credir bod y bedyddfaen yn dyddio'n ôl i ail hanner y ddeuddegfed ganrif. Mae'n debyg mai'r eglwys a roes yr enw Pencarreg i'r pentref.

Roedd dwy ffynnon yn arfer bod ym Mhencarreg, sef Ffynnon Neuadd a Ffynnon Claret. Arferid cario dŵr o Ffynnon Claret i'r eglwys pan fyddai plant yn cael eu bedyddio.

Adeiladwyd y Llew Coch yn y bedwaredd ganrif ar bymtheg. Ficerdy ydoedd yn wreiddiol gan fod y ficer yn byw yn ffermdy Neuadd. Fodd bynnag, tybiwyd y dylid adeiladu ficerdy newydd yng nghanol y plwyf ac felly fe'i hadeiladwyd gerllaw Eglwys Sant Padrig. Trodd y Llew Coch yn siop groser ac yna'n dafarn.

O ganlyniad i Ddeddf Addysg 1870 adeiladwyd ysgol elfennol yn y pentref a'i galw'n Ysgol Elfennol Dolgwm. Caewyd hi yn 1969 oherwydd prinder disgyblion. Bu'r adeilad yn ganolfan antur am gyfnod ond tŷ byw sydd yno heddiw.

Ym mynwent yr eglwys gwelir beddau dau ŵr tra enwog. Mae mynegbost yn cyfeirio at fedd Daniel Evans (Daniel Ddu o Geredigion, 1792-1846). Dyma'r hyn sydd ar ei garreg fedd:

Er coffadwriaeth am y Parch. Daniel Evans, B.D. (Daniel Ddu o Geredigion), Cymrawd o Goleg Iesu, Rhydychain, Bardd Cadeiriol Dyfed yn y flwyddyn 1823, ac awdur *Gwinllan y Bardd*.

Doniawl oedd ein Daniel Ddu –
heb ryfyg
Un o brif-feirdd Cymru.
Yn ei fedd mae'r bardd a fu,
Yn y llwch yma'n llechu.

Ganed Daniel Evans mewn ffermdy o'r enw Maes Mynach ar y ffordd rhwng Llanwnnen a Chribyn. Anfonwyd ef i Ysgol Ramadeg Llanbedr Pont Steffan a oedd, ar y pryd, yng ngofal Eliezer Williams, mab

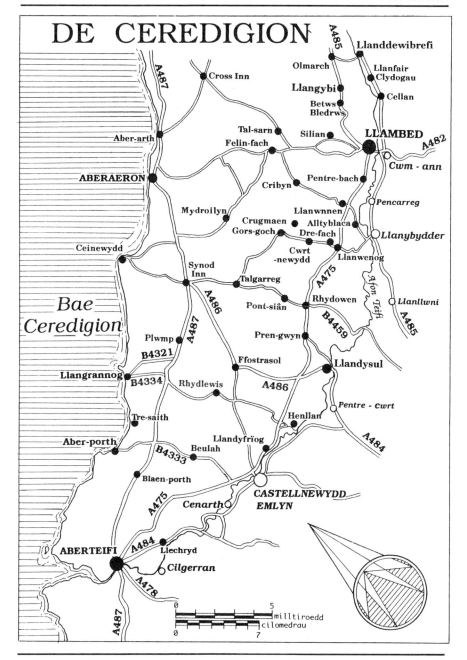

DE CEREDIGION

Llanddewibrefi
Olmarch
Llanfair Clydogau
Llangybi
Cellan
Cross Inn
Betws Bledrws
Tal-sarn
Silian
LLAMBED
Felin-fach
Aber-arth
Cwm - ann
ABERAERON
Pentre-bach
Cribyn
Pencarreg
Mydroilyn
Llanwnnen
Crugmaen
Alltyblaca
Gors-goch
Dre-fach
Llanybydder
Ceinewydd
Cwrt -newydd
Llanwenog
Synod Inn
Talgarreg
Bae
Pont-siân
Rhydowen
Llanllwni
Ceredigion
Plwmp
Pren-gwyn
B4321
Ffostrasol
Llandysul
Llangrannog
B4334
Rhydlewis
A486
Tre-saith
Pentre - cwrt
Henllan
Aber-porth
Llandyfrïog
Beulah
B4333
Blaen-porth
CASTELLNEWYDD EMLYN
Cenarth
ABERTEIFI
Llechryd
Cilgerran

0   5 milltiroedd
0   7 cilomedrau

y Parchedig Peter Williams yr Esboniwr. Ceir rhagor o'i hanes ar y daith i Gribyn.

Syniad da yw rhoi arwyddion i gyfeirio ymwelwyr at feddau enwogion fel sydd ym mynwent Eglwys Sant Padrig, Pencarreg. Yno hefyd mae bedd y seryddwr, John Silas Evans (1864-1953). Fe'i ganed yn fab i Evan Evans, Blaenllan, Pencarreg, sir Gaerfyrddin. Gwelir portread ohono gan Mary Gwendoline Ellis yn *Y Bywgraffiadur Cymreig 1951-1970*:

Yr oedd yn broctor o gonfocasiwn Caer-gaint, 1917-20, ac yn ganon eglwys gadeiriol Llanelwy, 1928. Yn 1923 etholwyd ef yn gymrawd y Gymdeithas Seryddol Frenhinol; yr oedd yn aelod o'r Gymdeithas Seryddol Frytanaidd, ac yn aelod o gyngor Coleg Dewi Sant 1927-39.

Ymhlith cyhoeddiadau John Silas Evans mae *Seryddiaeth a Seryddwyr* a *Hanes Plwyf Pencarreg*.

Mae llyn mawr sy'n gorchuddio un erw ar hugain ym Mhencarreg. Rai blynyddoedd yn ôl cynhaliwyd eisteddfod mewn pabell gerllaw'r llyn ac fe'i galwyd yn Eisteddfod y Llyn. Digon tebyg mai am y llyn hwn ym Mhencarreg y sonia Ray Evans yn ei chyfrol *Y Llyffant*, cyfrol fuddugol y Fedal Ryddiaith yn Eisteddfod Genedlaethol Abergwaun, 1986. Yn Llwyn-crwn, Pencarreg y maged Ray Evans (Davies bryd hynny) ac mae amryw o gyfeiriadau perthynol i'r ardal yn *Y Llyffant*.

I bentref bach Pencarreg y dewisodd Gwynfor Evans a'i briod Rhiannon ddod i ymddeol ar ôl oes o wasanaeth diflino dros Gymru. Brodor o'r Barri yw Gwynfor ond yn sir Gaerfyrddin y treuliodd y rhan helaethaf o'i oes. Y gyfraith oedd maes ei astudiaeth. Bu'n llywydd Plaid Cymru o 1945-1981. Yn 1966 cipiodd sedd etholaeth Caerfyrddin a thrwy hynny daeth yn Aelod Seneddol cyntaf Plaid Cymru. Mae llawer iawn y gellir ei ddweud amdano ond mae Gwynfor Evans ei hun wedi cofnodi hanes ei fywyd prysur ym mhedwaredd cyfrol Cyfres y Cewri, sef *Bywyd Cymro* (Gwasg Gwynedd, 1982). Mae wedi cyhoeddi nifer o lyfrau a thaflenni. Yn ogystal â bod yn wleidydd ac yn heddychwr y mae hefyd yn hanesydd, fel y tystia'r gyfrol *Aros Mae* ac eraill. Mae'n ddarlledwr a darlithydd ac ar ben hynny yn ŵr bonheddig, mwyn.

Roedd dau blasty ym Mhencarreg. Cartref teulu'r Fychaniaid a oedd hefyd yn berchen stad arall yn sir Benfro oedd Dolgwm. Pan fu farw etifedd olaf y teulu – Syr Gwynne Gill Vaughan – gadawodd y ddwy stad i'w gyfaill, Syr James Cockburn a oedd yn dad i'r Fonesig Hamilton a fu'n hael iawn tuag at eglwys y plwyf. Roedd Syr Gwynne Vaughan yn Uchel Siryf sir Gaerfyrddin yn 1773 ac yn Fwrdais tref Llambed yn 1755 ac 1767.

Lleolir Twr Rhosyduon ym mhlwyf Pencarreg, er bod cyfran helaeth o'r tir a berthynai i'r plas ym mhlwyf Llanybydder hefyd. Adeiladwyd y plas gan Syr William de Crespigny a wariodd arian mawr arno. Ar ôl marw ei wraig, y Fonesig Sarah, yn 1825, gwerthwyd y lle. Heddiw tai fferm cyffredin sydd lle bu'r ddau blasty gynt.

Dechreuwyd cynhyrchu caws

Pencarreg gan Dougal Cambell yn 1975 a hynny ar fferm Tŷ'n Grug – nid nepell o Dafarn Jem ar ôl troi i'r dde o'r ffordd sy'n cysylltu Llambed a Llanymddyfri. Yn wir, caws Tŷ'n Grug oedd ei enw ar y dechrau. Yn 1985 symudwyd y busnes i Goetre, Llangybi. Bu farw Mr Cambell yn Awst 1995 ond parhawyd i gynhyrchu caws Pencarreg yn un o unedau stad ddiwydiannol Llambed am gyfnod. Nid yw'n cael ei gynhyrchu ar hyn o bryd; gobeithio mai sefyllfa dros dro yw hon.

Llanybydder

Roedd enw Llanybydder yn gyfarwydd i mi yn gynnar iawn, cyn i mi wybod ble'r oedd hyd yn oed! Y rheswm am hynny oedd y cyfeiriadau cyson a glywn at 'fart ceffile Llanybydder'. Mae'r mart yn dal i fod yno, a mart ddefaid hefyd. Mae'r ddwy ffair yn Llanybydder wedi'u hanfarwoli yn y rhigwm hwn:

Ffair Santesau desog,
Ffair Fartin gaglog.

Mae Ffair Santesau yn dal i gael ei chynnal a hi yw'r ffair gyntaf yng nghyfres ffeiriau Clangaea y broydd hyn. Ffair gyflogi ydoedd gynt.

Wrth ddod i mewn i Lanybydder o gyfeiriad Pencarreg, ewch heibio canolfan gig Oriel Jones sy'n cyflogi nifer o bobl leol. Yna wrth ddod at y sgwâr yng nghanol y pentref (Sgwâr *Black Lion* neu Sgwâr Top i'r pentrefwyr), trowch i'r dde a mynd i lawr y rhiw i waelod y pentref. Mae lle parcio helaeth ar y dde. Yma roedd yr hen orsaf ar y lein o Bencader i Lambed. Adeiladwyd rheilffordd o Gaerfyrddin i Gastellnewydd Emlyn ac

ym Mhencader roedd cyffordd i Dregaron a gwblhawyd yn 1867. (Cwblhawyd y rheilffordd o Dregaron i Aberystwyth ac ychwanegwyd rheilffordd o Lambed i Aberaeron, ond caewyd y cyfan yn 1972.) Clwb Rygbi Llanybydder sydd yn adeilad yr hen orsaf heddiw ac mae'r iard o'i flaen yn lle parcio. *Station Terrace* yw enw'r stryd o dai gerllaw.

Croeswch y ffordd i gyfeiriad y mart. Yma mae pencadlys yr arwerthwyr, banciau, siopau a thafarn.

Y tro diwethaf y bûm yn ymweld â'r eglwys yn Llanybydder, sydd gerllaw'r mart gydag afon Teifi yn llifo heibio iddi, roedd cloeon ar glwyd y fynwent. Trueni, ond siawns bod rheswm am hynny. Ar adeg arbennig o'r dydd mae tŵr yr eglwys yn ymestyn ei gysgod dros afon Teifi, ys dywed y pennill hwn:

Eglwys fach Pencarreg
Ar ben y ddraenen wen;
A chlochdy mawr Llan'bydder
Yn Nheifi dros ei ben.

Y tu mewn i'r eglwys mae cerflun o'r Bugail Da.

Ewch 'nôl lan y rhiw a thrwy Sgwâr Top ac fe ddewch at Gapel Aberdâr y Bedyddwyr. Golygwyd y gyfrol *Hanes Eglwys Aberduar* gan y Parchedig W. Hugh Davies a fu'n weinidog yno. Ei ragflaenydd oedd y Parchedig D.C. Griffiths a'i ferch oedd Dilys Griffiths (Dilys Davies wedyn), yr actores enwog. Bu'n actio ar lwyfan, ar y radio ac ar y teledu. Hwyrach mai uchafbwynt ei gyrfa oedd ei rhan fel Arglwyddes Macbeth yng nghyfieithiad T. Gwynn Jones o ddrama fawr Shakespeare yn

Eisteddfod Genedlaethol Cymru, Caerdydd 1938. Mewn pennod yng *Nghyfrol Deyrnged Eic Davies* (Gwasg Carreg Gwalch, 1995), cyfeiria Meredydd Evans at Dilys Davies fel un o 'chwaryddion y Geninen' a fu'n teithio Cymru gyda'r dramâu 'Pelenni Pitar' (D.T. Davies) a 'Pobl yr Ymylon' (Idwal Jones) yn ystod yr Ail Ryfel Byd. Hwyrach fod rhai yn cofio Dilys Davies yn actio gwraig tŷ capel yn y gyfres radio 'Teulu'r Mans' flynyddoedd yn ôl. 'Mersi Fach' oedd ei hebychiad cyson (*'mercy'* – nid yr afon!).

Gerllaw'r capel mae'r Parchedig Glenfil Jones yn byw; englynwr, pysgotwr a chwmnïwr diddan.

Rhyd-y-bont yw capel yr Annibynwyr sydd ar y ffordd mas o Lanybydder.

Ni fyddwn yn eich beio am fynd ymlaen ar y B4337 i Rydcymerau, ac os yw amser o'ch plaid, man-a-man ichi fynd lan i Esgairdawe hefyd. Dyma ardal D.J. Williams, y cawr o Rydcymerau neu'r 'Shirgarwr anobeithiol' yn ôl ei gyfaddefiad ei hun. Ef yw awdur *Storïau'r Tir* a'i hunangofiant *Hen Dŷ Ffarm* ac *Yn Chwech ar Hugain Oed*. Mae'r 'hen dŷ ffarm', sef Pen-rhiw lle cafodd D.J. Williams ei eni, lan ynghanol y coedwigoedd:

Coed lle y bu cymdogaeth
Fforest lle bu ffermydd

meddai Gwenallt yn ei gerdd 'Rhydcymerau'. Mae'n anodd dod o hyd i'r 'hen dŷ ffarm'; byddai'n werth cael un o'r brodorion i'ch cyfarwyddo sut i fynd yno. Mae'r tŷ arall, sef Abernant, ar yr ochr dde wrth ymadael â phentref Rhydcymerau am Lansawel

(Llansewyl ar lafar). Ceir carreg ar fur y tŷ yn nodi mai yma y bu'r storïwr rhadlon yn byw wedi i'r teulu symud o Ben-rhiw.

Ar yr ochr dde wrth fynd i mewn i Rydcymerau o Lanybydder mae capel y Methodistiaid ac yno y mae bedd D.J. Williams. (Yn y capel hwn y bu farw D.J. pan ddaeth yn ôl i lywyddu mewn cyfarfod yno.)

Ym mhentref Rhydcymerau mae tŷ eitha tlws yn dwyn yr enw R'efail Fach sydd yn ein hatgoffa o Dafydd R'efail Fach sef un o 'hen wynebau' y sonia D.J. amdanynt.

Mae'r gair 'esgair' yn elfen bur gyffredin mewn enwau ffermydd yng nghymdogaeth Esgairdawe a Rhydcymerau. Ystyr y gair 'esgair' yw 'trum' neu 'grib' mynydd. Mae Gwenallt yn agor ei gerdd 'Rhydcymerau' fel hyn:

Plannwyd egin coed y trydydd rhyfel
Ar dir Esgeir-ceir a meysydd Tir-bach
Ger Rhydcymerau.

Ysgrifennwyd *Hanes Eglwys Annibynnol Esgairdawe* gan Mrs Mary Eunice Williams sy'n rhoi hanes dechreuad Annibyniaeth yn y fro.

Dyma fro cyndeidiau y bardd Gwenallt hefyd.

Piau'r beddau'n Llansawel?
Hen gyrff fy nheidiau tawel;
Cysgwch tan haul ac awel.

Yn y gyfrol *Bro Dinefwr* yng Nghyfres Broydd Cymru (Gwasg Carreg Gwalch, 1996), cynhwysir Lewis Glyn Cothi yn y bennod am enwogion y fro. Credir mai un o'r fro hon ydoedd am ei fod wedi cymryd ei enw barddol o goedwig Glyn Cothi. Ond ni ŵyr neb y gwir yn iawn.

Os oes amheuaeth am fan geni Lewis Glyn Cothi, ni yn bendant sydd piau John Gwenogfryn Evans. Dyma'r hyn a ddywedir amdano yn *Y Bywgraffiadur Cymreig*:

Ganed yn Ffynnon Felfed, plwyf Llanybyddair, sir Gaerfyrddin, 20 Mawrth, 1852, ond gan i'w deulu symud i fferm Caedabowen, Llanwennog, pan oedd ef tua blwydd oed, fel brodor o Geredigion yr edrychai arno'i hun.

Dyna paham y mae awduron *Hanes Plwyf Llanwenog* yn hawlio y Dr John Gwenogfryn Evans fel 'Y mwyaf efallai o holl blant Plwyf Gwenog . . . '. Roedd yn weinidog gyda'r Undodiaid, yn arolygydd llawysgrifau Cymraeg ac yn ysgolhaig. Mae ei fedd mewn craig yn ymyl ei gartref yn Llanbedrog gerllaw Pwllheli.

Brodor o Lanybydder oedd y baledwr tra enwog Dafydd Jones, neu Dewi Medi, Deio'r Cantwr neu Dewi Dywyll fel y'i hadnabyddid ar lafar gwlad. (Roedd yntau fel sawl un o'r hen faledwyr yn ddall, fel Levi Gibbon, Richard Williams [Dic Dywyll] a Deio Ddall Olau o Rydlewis).

Ganed Dafydd Jones yn 1803, yn fab i saer. Collodd ei olwg wrth chwalu llwch calch yn Nolau Bach. Wedi'r anffawd honno dechreuodd ganu baledi a'u gwerthu yn y ffeiriau. Priododd wraig o Ddolgellau a bu'r ddau yn byw mewn bwthyn ger y farchnad yn Llanbedr Pont Steffan. Bu farw yn 1868. Gwelir ei faled 'Merched Beca' yn y gyfrol *Hen Faledi Ffair* gan Tegwyn Jones.

Casglodd Lilian Parry-Jones, cyn-brifathrawes Ysgol Gynradd Rhydcymerau, faledi Dafydd Jones ar gyfer llunio traethawd ymchwil ar ei waith ar gyfer gradd uwch. Cyhoeddwyd ei hatgofion am D.J., *Cofio Dafy John Abernant* gan Adran Gwasanaethau Diwylliannol Cyngor Sir Dyfed yn 1985.

Byddai hanes Llanybydder yn anghyflawn heb imi grybwyll Alltymynydd sydd ar y ffordd allan i gyfeiriad Rhydcymerau. Bu'r adeilad hwn yn ei dro yn sanatoriwm ac yn ysbyty. Cartref i'r henoed yw heddiw.

Mae un man arall y dylech daro cis arno hefyd. Hynny yw, rhoi cip frysiog ar Ruddlan Teifi. Ewch yn ôl i waelod pentref Llanybydder, dros y bont a dod i gyffordd. Mae'r ffordd i'r dde yn mynd am Lanwnnen ond cymerwch y ffordd i'r chwith am ryw filltir dda. Ardal yn hytrach na phentref yw Rhuddlan Teifi. Mae cyfeiriad pendant at y lle ar ddechrau pedwaredd gainc y Mabinogi, sef hanes Math Fab Mathonwy:

Yn y lle a elwir Rhuddlan Teifi yn awr yr oedd llys i Bryderi. Ac yn rhith beirdd y daethant i mewn.

Nid rhyfedd fod tri phlasty ar ddolydd y dyffryn, sef y Dolau, Bwlchbychan ac Abertegan a hwythau wedi eu lleoli mewn rhan mor hardd o'n gwlad. Bu'r Dolau yn ysgol a ddarparai addysg arbennig am flynyddoedd, ond bellach mae wedi ei chau. Mae Abertegan yn siŵr o'n hatgoffa o limrig Idwal Jones:

Mae cybydd yn nhref Abertegan,
Ac enw ei ferch ydyw Megan.

Daw'r bechgyn yn raddol
I hoffi ei gwaddol,
Ond pan welan' nhw Megan mi
regan!

Llanllwni

Yn rhyfedd iawn, nid oes cyfeiriad at bentref Llanllwni yn y gyfrol wych *Crwydro Sir Gâr* gan Aneirin Talfan Davies. Ceisiwn wneud iawn am hynny!

I gyrraedd Llanllwni, ewch yn eich blaen ar hyd yr A485 allan o Lanybydder, heibio tafarn y Gwrdy, ac ymhen rhyw dair milltir fe ddewch i bentref hir Llanllwni. Wrth gyrraedd y pentref fe welwch arwydd Maesycrugiau ar y dde. Anwybyddwch yr arwydd hwn gan fod y ffordd yn gul i Faesycrugiau oddi yma. (Fe gewch ffordd hwylusach i fynd yno ym mhen uchaf y pentref.)

Ar yr ochr chwith yng nghanol y pentref gwelir yr unig gapel sydd yn Llanllwni. Capel Nonni yw ei enw a bu am flynyddoedd mewn gofalaeth gyda Chapel Bryn-teg cyn iddynt gael eu cynnwys mewn cylch o eglwysi. Erbyn hyn mae chwech o eglwysi yn yr ofalaeth newydd, a hynny oherwydd prinder gweinidogion. Heb wneud hynny byddai'n anodd i ddwy neu dair eglwys gynnal yr achos. Petai gwobr yn cael ei rhoi am y capel taclusaf a'r gofal mwyaf a roddir i'r fynwent a'r amgylchedd, byddai Capel Nonni yn uchel iawn ar y brig.

Ymhellach i fyny, eto ar y llaw chwith, mae ysgol y pentref sy'n dal yn agored.

I gyrraedd Eglwys Sant Luc, Llanybydder rhaid troi i'r dde ym mhen uchaf Llanllwni a mynd tua'r ffin lle mae afon Teifi yn llifo heibio ar ei ffordd i Landysul. Mae'r tŵr sy'n anghyffredin o uchel o ystyried mai eglwys weddol fechan ydyw i'w weld o bell cyn cyrraedd. Yma eto mae'r fynwent a'r eglwys yn cael eu cadw mewn cyflwr rhagorol. Ym mhen pellaf y fynwent, o edrych dros y clawdd, gwelir yr afon mewn ceunant. Dim ond sŵn yr afon sy'n tarfu ar yr heddwch yma. Symledd sy'n nodweddu'r eglwys hon eto fel llawer o'r eglwysi sydd ar lannau afon Teifi, ac eithrio eglwys Llanwenog efallai. Bu hanner galeri yn Eglwys Sant Luc ar un cyfnod.

Ar y ffordd yn ôl craffwch ar yr enw Maesycrugiau. Mae nifer o dai a gwesty yn yr ardal ond rhaid cofio bod prysurdeb yma ar un adeg pan oedd y trên o Bencader nid yn chwyrnellu heibio ond yn mynd yn hamddenol gan bwyll bach am Lanybydder. Roedd Maesycrugiau ar y brif reilffordd ond tawelwch sydd yma heddiw. Daw limrig Jacob (neu Jack) Davies i'r cof:

Mae plisman yn ardal
Maesycrugiau
Yn gwisgo *size twelve* mewn
esgidiau
A dywedodd y crydd
Yn garedig un dydd
'Mae'n siŵr fod *ground rent* arnoch
chwithau!'

Mae'n werth ymweld â Llanllwni petai ond i dalu gwrogaeth i ysgolfeistr arbennig a faged yn yr ardal. Cyfeirio wnaf at Thomas Llewelyn Stephens, neu 'Stephens Talgarreg'. Treuliodd y rhan helaethaf o'i oes yn ysgolfeistr yn y fro. Fe'i ganed mewn tŷ o'r enw Alderwell yn Llanllwni yn 1897, yn fab hynaf i Dan ac Elisabeth Stephens. Yn 1967 cyhoeddwyd cyfrol deyrnged i T.Ll. Stephens o dan y teitl *Y Gwron o Dalgarreg* a olygwyd gan T. Llew Jones. Ynddo ceir nifer o deyrngedau. Bu'n demtasiwn i ddyfynnu sawl brawddeg ond gadawn i englyn T. Llew Jones grynhoi'r cyfan:

Ar hyd ei oes carai dant, – carai'r
iaith,
Carai'r hen ddiwylliant,
Carodd Cymru'n ddiffuant,
A'i gwbl oedd addysg ei blant.

Mae bedd T.Ll. Stephens i'w weld ym mynwent Pisgah, Talgarreg, gerllaw bedd y Prifardd Dewi Emrys. Yn ei deyrnged mae D. Jacob Davies yn gofyn y cwestiwn, 'Pa aelwyd arall yng Nghymru gyfan a fyddai'n barod i roi llety dros gyfnod sylweddol i ffoadur mor anystywallt â Dewi Emrys?' Dyna a wnaeth Tom Stephens a'i briod. Adeg yr Ail Ryfel Byd a bomio trwm ar Lundain lle'r oedd Dewi Emrys yn byw ar y pryd, tyrrai'r noddedigion o Lundain, Lerpwl a dinasoedd eraill i Gymru. Clywodd T.Ll. Stephens am sefyllfa'r bardd yn Llundain a gwahoddodd ef a'i wraig yr 'alltud' i aros gyda nhw. Yn ddiweddarach daeth y Bwthyn, tŷ bychan gyferbyn â tafarn Glan-yr-afon, yn rhydd ac yno y bu Dewi Emrys fyw weddill ei oes. *Cerddi'r Bwthyn* yw teitl detholiad o'i gerddi.

Mae'r hen ffatri yn Nhalgarreg a drowyd yn Aelwyd yr Urdd yn gofadail iddo, ond rhaid peidio anghofio aelwyd Gwynfe chwaith. Oddi yno deuai cymwynasau lu.

Mewn tŷ o'r enw Ninant yn Llanllwni y maged Dr Ben Thomas y gwyddonydd, ac fel Dr E.J. Williams roedd yn gyn-ddisgybl o Ysgol Ramadeg Llandysul. Bu Ben Thomas farw yn ŵr cymharol ifanc hefyd. Cafwyd teyrngedau iddo gan J. Edmund Aubery (*Physics World*, Tachwedd 1992); K. Alan Shore (*Iee Proceedings – J, Vol.140, No.1*, Chwefror, 1993) a'i gyfaill agos R. Elwyn Hughes. Mae ef yn agor ei deyrnged fel hyn:

Deuthum i adnabod Ben Thomas gyntaf yn niwedd y pumdegau pan oedd yn Swyddog gyda'r Llu Awyr yn Sain Tathan. Cofiaf ddau beth yn arbennig o'r cyfnod hwnnw – manteisio ar ei aml gymwynas ym myd ffotograffiaeth (Ben oedd â gofal y Gymdeithas Ffotograffiaeth yno) a chael benthyg ganddo gopi o *Storïau'r Tir Glas*, dwy weithred a oedd megis rhag arwydd o un o brif nodweddion ei fywyd – ei ymroddiad deuol i dechnoleg a'r Gymraeg.

Mae Joan, ei briod o Lanybydder, yn dal i fyw yng Nghaerdydd ac mae Ben y mab yntau'n ymddiddori ym myd gwyddoniaeth.

Yn Llanllwni y mae Dr David Thorne yn byw. Brodor o Langennech ydyw ac mae'n bennaeth Adran y Gymraeg yng Ngholeg Prifysgol Dewi Sant, Llambed. Mae ganddo ddiddordeb mawr ym maes y tafodieithoedd. Golygodd y casgliad *Chwedlau Gwerin Glannau Teifi* ar achlysur cynnal Eisteddfod Genedlaethol yr Urdd yn Nyffryn Teifi (Castellnewydd Emlyn, 1981).

Dylid cyfeirio hefyd at Mr Danny Davies, un o gymwynaswyr Llanllwni sydd â stôr o hanes y fro a'i thrigolion.

Actor ifanc o'r pentref yw Rhys Llywelyn. Cafodd ei addysg yng Ngholeg y Drindod, Caerfyrddin ac mae'n actio mewn cyfresi teledu. Mae'n siŵr y clywn ragor amdano ef fel actor disglair yn y dyfodol.

Dychwelwn i Lambed o Lanllwni ar hyd yr un ffordd – trwy Lanybydder a Phencarreg.

Canol y Smotyn Du

O Sgwâr Harford, Llambed ewch drwy'r Stryd Fawr a Ffordd Pontfaen i Ffordd Llanwnnen nes cyrraedd yr A475. (Mae'r ffordd hon yn mynd ymlaen am Gastellnewydd Emlyn.) Ar y ffordd rhwng Llambed a Llanwnnen dewch at bentref bach – yn wir, Pentre-bach yw ei enw.

Pentre-bach
Mae'r pentref hwn yn eithaf anodd i fynd trwyddo'n hwylus ac anos fyth yw cael lle i barcio. Yma mae Mr Edwin Jones, Cadeirydd Pwyllgor Gwaith Eisteddfod Genedlaethol Llanbedr Pont Steffan, 1984 a chyn-faer Llambed yn byw. Hefyd Mr Twynog Davies sy'n amlwg ym myd canu fel arweinydd cymanfaoedd a chorau (Côr Penparc, Aberteifi a Chôr yr Urdd, Llambed).

O ganol Pentre-bach cewch olwg ar fferm Dolaugwyrddion. Mae'r gân werin 'Morgan Jones o'r Dolaugwyrddion' wedi ei chynnwys yn *Caneuon Llafar Gwlad (Cyfrol 1)*. Stori drist ydyw am garwriaeth a thorcalon – tebyg i hanes y ferch o Gefn Ydfa yn Llangynwyd, Maesteg. Dyma bedwar o'r tri phennill ar ddeg ar hugain a geir yn y gyfrol:

Y mab:
> Mary Watkin wyf fi'n garu
> 'N well nag un ferch o fewn i
> > Gymru,
> Ac rwy'n gobeithio cael yn briod
> Ferch Syr Watkin Dyffryn Llynod.

Y ferch:

Mae'r mab mwya' rwy'n ei garu
Yn isel iawn yn (y) gwaelod obry,
Mewn lle teg yng nghysgod
                   bronnydd,
Ac er ei fwyn rwyf yn dwyn cerydd.

Mae si, mae sen, mae'r genfigen
                   waela',
Yn peri im gael dig a chroestra,
Ond fel y gog mi gadwa' 'nghalon
Er mwyn y mab o'r Dolau
                   Gwyrddion.

Deunaw sgarff a deunaw cleddau,
Deunaw gwas o weision lifrai,
Deunaw march 'run lliw â'r sguthan
Yn cario merch Syr Watkin allan.

Wrth fynd ymlaen am Lanwnnen gwelir capel bach o'r enw Emaus ar ymyl y ffordd. Deallaf mai eiddo y mudiad efengylaidd ydyw yn awr.

Llanwnnen

Wrth ddod i sgwâr Llanwnnen gwelwch un ffordd yn troi i'r chwith am Lanybydder a'r llall i'r dde am bentref Llanwnnen.

Mae'r Parchedig J. Islan Jones yn ei gyfrol *Yr Hen Amser Gynt* yn cyflwyno pentref Llanwnnen fel hyn:

Yr oedd hen wheddel ar lafar gwlad yn disgrifio'r pentref:

Llanwnnen llawn annwyd!
Lle llwm am dân, lle llawn am fwyd.

Ond ni chefais i un dystiolaeth i gadarnhau gwirionedd y rhan olaf o'r hen ddywediad.

Cofia am y pentref fel yr oedd amser maith yn ôl hefyd:

Yn y blynyddoedd 1880-85 pentref bychan oedd Llanwnnen, o ryw ddwsin, mwy neu lai, o dai annedd, ond yr oedd y trigolion yn dilyn gwahanol alwedigaethau. Yr oedd dau o'r tai yn siopau sef y Post Offis – tŷ mawr modern – a'r *Siop Inn*, ac yr oedd yr olaf hefyd yn gwerthu diod a gwirodydd, o dan arwyddlun *Fox and Hounds* . . . Rhwng y *Red Lion* a llidiard yr eglwys, yr oedd yr ysgol ddydd anenwadol. Gyferbyn â chlwyd yr eglwys, yr ochr arall i'r ffordd yr oedd gweithdy John Davies y Gof – pedolwr ceffylau'r Neuadd Fawr a'r ffermydd cyfagos a gweithiwr cyffredin i'r wlad.

Yn rhifyn mis Tachwedd 1997 o *Llais Aeron* mae Mrs Elizabeth Evans yn rhoi hanes taith gerdded a arweiniodd yn ardal Llanwnnen. Aeth â'r cerddwyr i fynwent fach breifat. Dyma'r hanes:

Maes parcio'r *Fish and Anchor* oedd dechrau'r daith hon. Cofiodd rhai ohonom mai enw gwreiddiol y tafarndy hwn oedd Aber Cerdinen, ond 'Ger' ar lafar gwlad. 'Slawer dydd yr oedd y nant yn llifo i dwba mawr ger y bwthyn bach cyn ymarllwys i'r Granell.

Rhyw chwarter milltir o'r fan hon mae mynwent breifat Plas y Neuadd Fawr lle claddwyd nifer o'r hen deulu a fu'n byw yno – Thomas Hughes yn 1872 a'i ŵyr Thomas Hugh Rice Hughes yn 1902. Yma hefyd y claddwyd Alice Mabel, gweddw T.R. Hughes yn 1930. Erbyn hyn roedd hi'n byw yn Hendy'r Neuadd.

Flynyddoedd yn ôl roedd y teulu'n berchen nifer o ffermydd yn yr ardal. Roedd pac o gŵn hela yn y Neuadd Fawr hefyd ac ar yr 21ain o Chwefror 1881 fe fu helfa fawr yn Nhalsarn. Cyfansoddodd John Jenkins (Cerngoch) gerdd hela yn sôn am yr helfa nodedig hon ac ar yr 21ain o Chwefror 1981 dathlwyd canmlwyddiant yr helfa ryfeddol honno. Diddorol iawn oedd cael ar ddeall mai'r union ddillad a wisgai Mrs Hughes yn 1881 a wisgodd Mrs Chapman o Aberaeron yn 1981. Roedd hi yn edrych yn urddasol iawn yn marchogaeth ei cheffyl ar gyfrwy un-tu (*side saddle*).

Cawsom groeso cynnes yn ffermdy'r Neuadd gan Mrs Jones a Guto bach ac yn y plasty, a godwyd yn 1697, gan y perchennog Mrs Preston. Anodd deall pam galw'r plasty heddiw yn *Rose Lea in the Fern*.

Dyma'r pennill cyntaf o gerdd hela Cerngoch. (Fe'i gwelir yn *Cerddi Cerngoch*, tudalen 29.)

Ar unfed dydd ar hugain
O Chwefror Eighty One,
Roedd 'meet' gan Hughes y
                    Neuadd,
A'i gŵn, yn cwm Penlan;
Daeth yno, 'n ôl ei arfer,
Ar gyfer deg o'r gloch,
A'r gaseg las o dano,
A throsto'r hugan goch.

A 'meet' rhagorol gaed,
Roedd yno wŷr o waed,
A llawer o farchogion,
A llu o ddynion traed.

Ewch yn ôl at dafarn y Ger. Gellir parcio ar draws y ffordd a cherdded yr heol ar y chwith dros y bont am Gapel y Groes. Capel yr Undodiaid a godwyd yn 1820 yw hwn. Roedd cysylltiad agos rhwng yr achos yn y lle hwn a'r gŵr rhyfedd Iolo Morganwg. (Cofiwn i'r Athro Griffith John Williams o bentref Cellan fynd ar drywydd Iolo.) Mae'r garreg a gerfiodd Iolo Morganwg i'w gosod uwchben drws Capel y Groes i'w gweld wrth ochr y drws heddiw; daethpwyd o hyd iddi o dan y pulpud yn 1978. Roedd Iolo Morganwg yntau'n Undodwr, wedi dysgu crefft ei dad fel saer maen.

Gerllaw'r capel y mae bedd Joseph Jenkins (Amnon II) a Jenkin Jenkins, perchennog Nans o'r Glyn, y poni rasys o Ddyffryn Aeron. Mae Doreen Lewis, y gantores werin o Flaenplwyf yn Nyffryn Aeron yn canu amdani. Magodd y ferlen wydn hon amryw chwedlau amdani ei hun o ganlyniad i'w gorchestion. Er mai merlen fach Gymreig oedd Nans o'r Glyn roedd ganddi record dihafal yn y rasys ar y gwastad a thros y clwydi. O'r 268 ras a gymerodd ran ynddynt mewn cyfnod o ddeg mlynedd, daeth yn gyntaf 184 gwaith, yn ail 60 gwaith ac yn drydydd 16 gwaith. Mewn wyth ras yn unig y methodd ddod yn un o'r tri cyntaf. Anhygoel!

Bu farw John Jenkins, *Blue Bell*, Llunden Fach (ger Tal-sarn) yn 34 mlwydd oed. Roedd yn frawd-yng-nghyfraith i William J. Lloyd (Llwyd Llunden) a thriban o'i waith ef sydd ar y garreg fedd seml:

Nôl rhedeg llawer rhedfa
A llwyddo i ddod ym mlaena',

Pen gyrfa'i fywyd ddaeth i'w ran
A thyma'r fan gorwedda.

Rhaid argymell y gyfrol *Englynion
Beddau Ceredigion* – englynion a
gasglwyd gan M. Euronwy James.
Mae 59 o englynion y gyfrol wedi eu
codi o feddau yng Nghapel y Groes: tri
yn fwy nag sydd o Lanbadarn Fawr.
Mae'r ffaith fod nifer o feirdd gwlad
wedi byw yng nghyffiniau Llanwnnen
yn un rheswm am y nifer bid siŵr.

Bu David Thomas (Dewi Hefin) yn
brifathro Ysgol Llanwnnen am dair
blynedd ar hugain. Un o'i ddisgyblion
yno oedd y Parchedig J. Islan Jones
sy'n fawr ei glod iddo.

Alltyblaca
Pe baech yn mynd yn ôl i sgwâr
Llanwnnen ac yn parhau ymlaen ar y
B4337 i Lanybydder byddech yn dod i
Alltyblaca. Dyma enw rhyfedd ar le! D.
Jacob Davies awgrymodd yn
gellweirus y gallai fod cysylltiad rhwng
y lle a thîm rygbi enwog Seland
Newydd – yr *All Blackas!* Yma i
Alltyblaca y dychwelodd y Parchedig
D. Jacob Davies o Aberdâr i fod
yn weinidog ar Gapel y Bryn
(Cwrtnewydd), Capel y Cwm
(Cwmsychbant) ac Alltyblaca. Ceir
portread o D. Jacob Davies gan
berthynas iddo, y Parchedig Athro D.
Elwyn Davies yn *Deri O'n Daear Ni*.

Yn ei gyfrol *Y Smotiau Duon*,
(1980) dywed D. Elwyn Davies:

Bu'r eglwys fechan hon yn
Alltyblaca, yng nghyfnod
gweinidogaeth Dafis Castellhywel,
yn Feca i bererinion o addolwyr
enwog. Dywedir y deuai Tomos
Glyn Cothi yma'n llanc ifanc o

ardal Brechfa i wrando ar y neges
newydd a'i symbylodd ef, maes o
law, i sefydlu'r Achos Undodaidd
cyntaf yng Nghymru. Tystia
George Eyre Evans fod ei dad,
D.L. Evans, yn cofio Iolo
Morganwg yntau'n ymweld ag
Alltyblaca yn fynych ac i dderbyn
cymun o law ei gyfaill, Dafis
Castellhywel.

Codwyd y Parchedig Athro D.L.
Evans i'r weinidogaeth o eglwys
Alltyblaca. Bu'n athro ysgol ac yn
Athro Hebraeg yng Ngholeg Caerfyrddin
ac yn olygydd *Yr Ymofynnydd*,
cylchgrawn yr Undodiaid. O'r wyth o
englynion beddau ym mynwent
Alltyblaca mae un i'r Parchedig
Thomas J. Griffiths (Tau Gimel,
gweinidog Cribyn):

Heddgarwr oedd y gwron – a
                    didwyll
      Nodedig ei galon:
      Ganwyd ef yn genad Iôn,
      A'i ddawn oedd wledd i
                    ddynion.
                    (D.T.)

Mae'r newyddiadurwr Dylan
Iorwerth ac Elaine ei wraig yn byw yn
Alltyblaca.

Merch o Lanwnnen yw Elin Jones,
a etholwyd dros Blaid Cymru i
gynrychioli Ceredigion yn y Cynulliad
Cenedlaethol fis Mai, 1999. Roedd hi'n
faer tref Aberystwyth 1997-98. Mae'n
canu yn y grŵp adnabyddus Cwlwm.

Mae eglwys a neuadd Alltyblaca
yng nghanol y pentref. Yn nhalcen
dwyreiniol yr eglwys mae ffenest liw
brydferth sy'n coffáu Thomas Hugh
Rice Hughes, sgweier Neuadd Fawr,

a'i briod Alice Mabel. Canodd Cerngoch gerdd hela iddynt sydd i'w gweld yn *Cerddi Cerngoch*.

Cribyn

Ewch yn ôl am dafarn y *Fish and Anchor* sydd ger Capel y Groes. Gyferbyn â'r dafarn mae mynegbost yn eich cyfeirio i'r chwith am bentref Cribyn. Mae rhyw ddwy filltir dda oddi yma i ganol y pentref.

Daw'r dyfyniad canlynol am hanes y pentref o'r bennod 'Cribyn – yr Ardal' gan W.D. Llewelyn a welir yn y gyfrol *Capel Undodiaid Cribyn*:

Yr arwyddion cyntaf o fywyd dynol yn yr ardal oedd yr hen Gaerau Prydeinig, sef Cribyn Clotas, Caer Maesmynach a Chastell Moeddyn. Caerau bychain oeddent yn cynnwys lle i fuarth neu ffald wedi eu hamddiffyn gan gloddiau pridd a chwteri. Roedd yno le i gadw anifeiliaid ac i gartrefu teulu. Mae'n anodd i'w dyddio nhw ond roeddent yn perthyn i Oes yr Haearn a rhoddodd yr Athro E.G. Bowen y dyddiadau o 300 C.C. hyd 250 O.C. i gaer Pendinas, Aberystwyth, un o'r prif Gaerau Prydeinig yng Ngheredigion.

Mae'n lled debyg taw'r ardal o amgylch Melin Hafodwen a Phenlan Capel yw'r rhan hynaf o bentref Cribyn. Adwaenid hi fel Capel Silin a thebyg bod hen eglwys wedi ei chodi yno. Cafwyd carreg hynod ar dir Maesmynach ac arni batrwm cordeddog Celtaidd. Barnodd un arbenigwr ei bod hi'n rhan o Groes Geltaidd ond bod y darn uchaf o'r groes wedi

diflannu a chredai ef taw yn y nawfed ganrif y naddwyd hi. Synnwn i fawr nad oes cysylltiad rhwng y garreg hon a'r Eglwys Geltaidd i Sant Silin. Gwelir Carreg Maesmynach ym Mhorth Eglwys Llanilar heddiw.

Bu Capel Silin yn ganolfan lleol i fynachod Ystrad-fflur yn yr Oesoedd Canol. Bu'r Arglwydd Rhys yn noddwr i'r mynachod hyn yn y cyfnod rhwng 1167 ac 1197 a rhoddodd lawer o diroedd iddynt. Un o'r darnau hynny oedd Hafodwen grange a oedd yn cynnwys y rhan fwyaf o blwyfi Llanfihangel Ystrad a Dihewyd, darn o blwyf Silian ac ychydig o blwyf Llannarth. Roedd melin falu yn Hafodwen yng Nghapel Silin a nodir ffermydd Penlan Capel, Maesmynach, Rhydybennau, Penbryn a Chlytau Ceimion yng nghofnodion y cyfnod hwnnw.

Wrth ddod i bentref Cribyn fe ddewch at fyngalo ar y chwith ac yna gwelwch dŷ yn nes ymlaen ar y dde o'r enw Llysmynach. Ar bwys y byngalo y mae cartref Daniel Evans (Daniel Ddu o Geredigion, 1792-1846). Mae ei fedd ym mynwent eglwys Pencarreg. Bardd, ysgolhaig ac athro beirdd ydoedd. Graddiodd o Goleg Iesu, Rhydychen a gwnaed ef yn Gymrawd o'i goleg yn 1817. Gadawodd ei swydd fel caplan mewn seilam filwrol yn Northampton gan ddychwelyd i'w gartref. Adeiladodd ei rieni dŷ iddo gerllaw Melin Hafodwen yng Nghapel Sant Silin a'i alw'n Maesnewydd. Casglodd Daniel Ddu ei weithiau barddol yn *Gwinllan y Bardd*

(1831). Cafwyd ail argraffiad yn 1872 a thrydydd yn 1907 lle ceir rhagymadrodd eithaf pwysig sy'n rhoi cefndir yr ardal a'r cyfnod.

Ewch ymlaen ar y ffordd i Gribyn, heibio i'r siop ar y gornel a chadw i'r chwith. Mae maes parcio cyfleus gyferbyn â Chapel Undodaidd Cribyn. Ym mhen uchaf y fynwent mae bedd David Thomas (Dewi Hefin, 1828-1909), yr ail fedd yn y rhes olaf. Fe'i ganed ef yn y Cnapsych, Llanwenog ond symudodd ei rieni i Ben Lôn, Cribyn, gerllaw Maesmynach pan oedd yn ddwyflwydd oed. Ar ei garreg fedd nodir mai yng Nglaslwyn y bu farw. Magodd bedwar o fechgyn galluog sef y Parchedig J. Hefin Thomas M.A., Rhydychen – cyfansoddwr nifer o emynau; David Thomas B.A. a fu'n arolygydd ysgolion yn sir Aberteifi; E. Lloyd Thomas a oedd yn athro yn ysgol breswyl Harrow; a James Hefin Thomas a fu'n athro ysgol ym Mhenrhyndeudraeth.

Rhaid sôn rhywfaint am y Parchedig J. Islan Jones M.A. Ysgrifennodd ei atgofion yn y gyfrol *Yr Hen Amser Gynt* a gyhoeddwyd gan Gymdeithas Lyfrau Ceredigion. Fe'i ganed yn Nhŷ-newydd ym mhentref Cribyn. Bu'n ddisgybl i Dewi Hefin yn Ysgol Llanwnnen ac enillodd raddau o golegau Manceinion a Rhydychen. Daeth yn brifathro Coleg Presbyteraidd Caerfyrddin. Ar ôl ymddeol bu'n weinidog 'mewn gofal' ar Gapel Undodaidd Cribyn.

Gerllaw'r capel mae ystafell y *Long Room*. Yma y cynhelid eisteddfod ar noswyliau Nadolig. Y Parchedig David Evans (1860-1950) fu'n gyfrifol am godi'r *Long Room* i fod yn ystafell ddosbarth iddo. Ganed David Evans ym Mhen-lôn Hendryd. Ef oedd yr olaf o bregethwyr-ysgolfeistri'r Undodiaid. Ysgrifennodd hanes hen ysgolion gramadeg Ceredigion yn ei gyfrol *Welsh Unitarians as Schoolmasters*.

Gadewch y cerbyd yn y maes parcio gyferbyn â'r capel a cherdded mor bell â'r ysgol gynradd sydd ar y ffordd allan o'r pentref. Mae ysgoldy'r eglwys ar yr ochr dde yng nghanol y pentref ac ar y chwith gwelir y golofn sy'n coffáu 'y rhwyg o golli'r hogia' yng Nghribyn. Mae sôn am symud y gofgolofn i fan arall yn y pentref er mwyn hwyluso'r drafnidiaeth. Gyferbyn â'r gofgolofn mae Eglwys Sant Silin. Mae W.D. Llewelyn yn awgrymu bod mynach wedi camgopïo'r enw a chymysgu enw Silin a Sullen. Mae'n debyg mai Sulien yw nawddsant Eglwys Silian sydd heb fod ymhell o Gribyn.

Ymlaen â ni i Ysgol Gynradd Cribyn. Bu ardal Cribyn yn ffodus o gael W.D. Llewelyn (brodor o Gil-y-cwm ger Llanymddyfri) yn brifathro arni. Ar achlysur dathlu canmlwyddiant Ysgol Gynradd Cribyn (1877-1977) cyhoeddwyd *Crynodeb o Hanes Cribyn* ganddo. Dyma batrwm o lyfr yn rhoi hanes ysgol ac ardal.

Ysgolfeistr enwog a fu'n bennaeth ar Ysgol Gynradd Cribyn oedd John Ffos Davies (1921-27). Brodor o Brengwyn ger Llandysul ydoedd. Symudodd o Gribyn i ddysgu yn Ysgol Felin-fach a bu farw'n ŵr cymharol ifanc. Cododd gôr plant yn y ddwy ysgol gan gynnal cyngherddau yn yr ardal. Fe gofiwn amdano fel un a weithiodd yn galed i gofnodi caneuon gwerin oddi ar gof pobl fel Ann éréééééééééé

Cowman o Gribyn. John Ffos Davies a gofnododd y mwyafrif o'r *Forty Welsh Traditional Tunes* (Cymdeithas Hynafiaethwyr Ceredigion). Mae lle i gredu na chafodd y clod a oedd yn ddyledus iddo am ei lafur. Gwelir ei fedd ym mynwent Eglwys Cilcennin.

Meibion J. Ffos Davies oedd y Dr T.I. Davies, arolygydd ysgolion (a rhaid ei gynnwys yntau fel un arall o'r gwyddonwyr a faged yng nghylch Llambed) a'r Parchedig Dewi Davies oedd yn ficer yn Nhonypandy, y Rhondda Fawr cyn ymddeol i Gaerdydd. Un a oedd yn ddisgybl gyda'r tad yng Nghribyn oedd Mrs Martha, cymeriad annwyl iawn. Roedd yn byw yn Gwelfryn ac yn cofio nifer o ganeuon ar ei chof a ddysgodd gan J. Ffos Davies.

Gerllaw Ysgol Gynradd Cribyn ac ar waelod yr allt mewn tyddyn o'r enw Tanrallt y ganed Reuben Davies (Reuben Brydydd y Coed, 1808-1833). Bu'n athro yn Ysgol Ramadeg yr Undodiaid ac roedd yn fardd lleol ac yn awdur emynau.

Yn Abermynach (Maesmynach) y mae'r gantores Angella Rogers Davies yn byw. Enillodd y Rhuban Glas a Gwobr Goffa Osborne Roberts ym Mhrifwyl y Fflint, 1969. Fe'i ganed ym Mhlas Abermeurig yn Nyffryn Aeron.

Ym mhentref Cribyn y dewisodd Euros Lewis, darlithydd â gofal yn Theatr Felin-fach gartrefu.

Bachgen o Gribyn yw'r Parchedig J. Eric Jones, Aberdâr a ysgrifennodd hanes Capel Undodaidd Cribyn 1790-1990.

Pe baech yn parhau ar y ffordd am Temple Bar byddech yn mynd heibio Capel Rhyd-y-gwin lle mae bedd John Jenkins (Cerngoch), ond er mwyn parhau ar y gylchdaith hon, dilynwch y ffordd i Grugmaen ac yna ymlaen i Gors-goch.

Crugmaen

Er i Elizabeth y Gyntaf hwyluso'r ffordd i'r Esgob William Morgan a'i gydweithwyr roddi'r Beibl i'r Cymry yn eu hiaith eu hunain, bu'n wrthwynebus i roi rhyddid iddynt i addoli yn Gymraeg. Y grocbren fu tynged John Penri, y merthyr o Gefn-brith.

Daeth deddfau pellach yn gwahardd yr Anghydffurfwyr rhag addoli yn Gymraeg. Gyrrodd hyn y Cymry i addoli mewn mannau diarffordd megis ogofâu a thai annedd. Yn Ogof Cwmhwplyn mewn lle diarffordd ger Pencader yr oedd Annibynwyr cynnar y fro yn addoli, ac yng Nghraig y Wyddon yn ardal Llandysul hefyd. Roedd trigolion ardal Ciliau Aeron yn addoli yn y gelltydd islaw'r capel presennol ac yn hen annedd-dŷ Tan-gaer gerllaw. Bu erlid chwerw iawn ar yr addolwyr yn ystod y blynyddoedd hyn, ond er gwaethaf yr holl erledigaethau, sefydlwyd yr achos cynharaf yng Nghymru yn Llanfaches yn 1639.

Roedd yr offeiriaid hefyd yn anfodlon iawn â'r deddfau creulon a anelwyd at yr Anghydffurfwyr, ac yn 1662 fe drowyd ymaith dros gant o ficeriaid o'u heglwysi. Un ohonynt oedd Rice, neu Rhys Powell, ficer yr eglwys yn Llanbedr Pont Steffan. Yr oedd ef eisoes wedi sefydlu nifer o eglwysi yn yr ardal – yng Nghilgwyn, Ciliau Aeron, Llwynrhys a Chrugmaen.

Menter fawr oedd addoli yn y mannau cwrdd hyn gan fod ysbïwyr yn barod i gosbi'r rebeliaid. Ond yn 1689, yn ystod teyrnasiad William a Mary, pasiwyd Deddf Goddefiad oedd yn rhoi rhyddid i bawb addoli ble ac fel y dymunent.

Gŵr o'r enw Phillip Pugh a ofalai am yr achosion hyn ar y dechrau. Roedd hi'n daith bell iddo o'r Hendre ym Mlaenpennal, ar droed neu hwyrach ar gefn ceffyl. Cafodd gymorth Dafydd Jenkins, mab Crugmaen, a Tomos Dafydd Rhys, Moeddyn, gweinidog gyda'r Bedyddwyr yn Rhydwilym, capel hynaf sir Benfro. Ar ôl marw'r bobl hyn tua 1760 gwahoddwyd Dafydd Llwyd, Brynllefrith, gweinidog gyda'r Undodiaid yn Llwynrhydowen, Alltyblaca a Phenrhiw i gymryd gofal dros yr achos. Yn anffodus, edwino a wnaeth serch hynny gan fod Andrew Howatt, perchennog newydd Crugmaen wedi gwrthod adnewyddu'r brydles ar y capel. Capel 'siprys' ydoedd (h.y. capel i wahanol enwadau). Aeth yr Annibynwyr i Droedyrhiw, yr Undodiaid i Giliau Aeron ac fe arhosodd y Bedyddwyr yn Gors-goch a chodi Capel Bryn Hafod.

Mae'r garreg a osodwyd ar wal Capel Crugmaen yno o hyd ac arni'r geiriau 'Sancteiddrwydd a weddai i'th Dŷ, O Arglwydd byth' a'r dyddiad 1711. Dyna pryd y cofrestrwyd Crugmaen yn addoldy.

Ar y dechrau, addoli mewn tai annedd a wnâi'r Annibynwyr yn Nhroedyrhiw – ym Mhwllygeletsh, Pwllybroga, Pwllpwdel a Phwllcrychydd. Codwyd y capel cyntaf yn 1808, ychydig lathenni o'r capel presennol. Llawr pridd, waliau pridd a tho brwyn oedd iddo. Gelwid ef yn Gapel y Brwyn ac mae'r enw wedi aros hyd heddiw.

Roedd y Wesleaid yn cyd-addoli gyda'r Annibynwyr yn y cyfnod cynnar, ond rhoddodd Mrs Jones, Pen-bryn (y perchennog) y capel i'r Annibynwyr oherwydd fe ddigiodd gyda'r Wesleaid. Yn 1858 cafodd yr Annibynwyr hefyd eu troi o'r hen gapel am ryw reswm. Tybed a oeddent hwythau hefyd wedi tramgwyddo Mrs Jones? Felly, roedd yn rhaid codi capel arall ac yn 1861, trwy garedigrwydd teulu'r Loxdales o Castell Hill, Llanilar cafwyd llain o dir ar Fferm Pontmarchog i godi'r capel arno. Mae'r capel mewn cyflwr da wedi iddo gael ei adnewyddu yn 1905. Yn 1986 cafodd ei ail-doi, rhoddwyd coed newydd yn y nenfwd ac fe atgyweiriwyd nifer o'r corau. Gwnaed tipyn o waith cynnal a chadw ar y capel yn 1994 hefyd.

Gors-goch
Mae'n ymddangos i mi fod trigolion Cwrtnewydd a Gors-goch yn cyd-dynnu'n dda. Bu adeg pan oedd plant Gors-goch yn mynychu Ysgol Cwrtnewydd nes cael ysgol eu hunain yn 1898. Efallai mai hyn sydd i gyfrif am y fath harmoni.

Rhyfedd oedd dathlu can-mlwyddiant agor Ysgol Gynradd Gorsgoch yn 1998 a'r ysgol wedi ei chau. Bellach mae'r plant yn mynd i ysgolion cyfagos Cwrtnewydd, Mydroilyn a Thalgarreg.

Ar wahân i'r ysgol y mae yma un capel (Brynhafod y Bedyddwyr), tafarn (*Cefn Hafod Inn* yn ôl yr arwydd), neuadd y pentref, siop a garej. Mae'n bentref bach clyd gyda nifer o dai o'i gwmpas.

Yn 1860 penderfynwyd adeiladu capel i'r Bedyddwyr, sef Capel Brynhafod yn Gors-goch, ond mae'r achos yn mynd yn ôl ymhellach o lawer. Y gweinidog cyntaf oedd y Parchedig D. Williams, Llwyndafydd. Mae Seion, Cwrtnewydd a Brynhafod yn dal yn yr un ofalaeth.

Roedd dau fardd gwlad yn dal cysylltiad ag ardal Gors-goch a'r Blaenau, sef Gwilym Gwenog a Granellian. Yng Nglynmeherin y ganed Gwilym Gwenog (William Jenkins) yn 1825. Bu'n cadw siop ac yn arwerthwr yng Nghwrtnewydd. Ymddeolodd i fyw yn Ffos-ffald lle bu farw yn 1878. Mae ei fedd ym mynwent Capel y Groes, Llanwnnen. Canai'n aml am droeon trwstan trigolion yr ardaloedd cyfagos.

Mab Dafydd a Hannah Evans, Felin Blaenau Gwenog ar lan afon Granell oedd Isaac Evans (Granellian). Roedd yn un o'r ysgolfeistri cyntaf yng Ngheredigion i gael coleg i'w baratoi ar gyfer ei alwedigaeth. (Fe'i hyfforddwyd yn y Coleg Normal, Bangor.) Bu'n cadw 'ysgol y bwrdd' ym Mydroilyn lle bu'n dysgu sawl cenhedlaeth o blant. Ceir portread ohono yn *Hanes Llannarth* gan y Parchedig D.J. Davies (Spurrell, Caerfyrddin).

Un a fu'n brifathrawes Ysgol Gynradd Gors-goch am flynyddoedd yw Mrs Sadie Jones. Mae Sadie yn dod o'r ardal ac yn Gors-goch bu'n weithgar gyda'r ysgol, y capel, y neuadd, adran yr Urdd a phob gweithgaredd cymdeithasol arall. Bu'n hyfforddi plant a phobl ifanc i adrodd a pharatoi partïon cyd-adrodd. Mae coffa da amdani'n cyfarwyddo 'Marchogion y Môr', cyfieithiad o

ddrama J.M. Synge. Cafodd rhythmau llafar Gwyddelig y ddrama bob chware teg ganddi. Da gennyf oedd gweld enw Sadie Jones ar restr Llywyddion Anrhydeddus Eisteddfod Genedlaethol yr Urdd Llambed, 1999.

Dilynwch ffordd y B4338 heibio chwarel Allt-goch ar y chwith. Mae cylch cerrig ar fynydd Allt-goch – y dystiolaeth gynharaf o wareiddiad yn yr ardal sydd ag olion o'r Oes Efydd wedi eu codi oddi yno, ac olion Rhufeinig hefyd.

O fferm y Cwrt sydd gerllaw'r chwarel yr aeth y tenor Edgar Evans i ganu yn nhai opera Llundain a thu-hwnt. Dyma stori ddiddorol a gyhoeddwyd amdano yn *Y Cymro*:

> Tra oedd Edgar Evans yn teliffonio cyfaill iddo yn Llundain torrodd llais dieithr ar draws eu hymgom gan ofyn, 'Ai chwi yw Edgar Evans?' Cyn pen ychydig eiliadau yr oedd Edgar Evans yn annerch ei wraig fel hyn: 'Nan, dewch â'r car allan o'r garej.' Ymhen deuddeng munud ar hugain yr oedd wedi cyrraedd cartref yr opera yn Covent Garden, Llundain, a chyfle ei fywyd i wneud enw iddo'i hun yn agor o'i flaen megis y ddôr a arweiniai i lwyfan yr adeilad enwog.
>
> Perchennog y llais dieithr ar y teliffôn oedd Cliff Clifford, cyfarwyddwr llwyfan Covent Garden, a'i neges prysurlawn oedd gofyn i Edgar Evans a allai ddod i'r Tŷ Opera ar ei union i gymryd lle James Johnston a darawyd yn sâl yn ddirybudd yn ystod perfformiad o *Carmen*.
>
> 'Nid wyf wedi canu rhan Don

Jose yn yr opera ers deunaw mis,' meddai Edgar Evans wrth awdurdodau Covent Garden, ond doedd waeth yn y byd am hynny, Edgar Evans a fynnent hwy a neb arall. Fel arfer fe gymer y daith o Preston Hill, Harrow, cartref Edgar Evans, i Covent Garden awr o amser. Ond yr oedd yr alwad yn bwysig a'r modur ar ei orau ac ymhell cyn pen awr wedi i Edgar Evans ymadael â'i gartref yr oedd wedi ei baentio a'i wisgo fel Don Jose, yr ysbeiliwr ar ei uchelfannau ar lwyfan Covent Garden.

Dim ond côt yr ysbeiliwr oedd yn eisiau arno cyn ei fod yn barod i ymddangos o flaen y dorf enfawr. Yr oedd James Johnston yn parhau i ganu hyd oni welodd Edgar Evans yn sefyll ar encilion y llwyfan enfawr, ond yr oedd y straen arno'n fawr. Yn hollol naturiol cerddodd dan ganu i ymyl y llwyfan gan ddiosg ei gôt a'i rhoddi i'r Cymro. Aeth yntau yn llawn mor naturiol ymlaen ar y llwyfan a chyn gorffen yr act yr oedd y dorf wedi dotio ar Edgar Evans, a bu'n rhaid codi a gostwng y cwrlid bedair gwaith cyn iddo gael ei anadl yn ôl fel petai ar ddiwedd yr act hon.

Yr oedd y papurau newydd yn Llundain y bore trannoeth, yn gosod bri mawr ar ganu y Cymro, ac er na ddigwyddodd yr amgylchiad rhyfedd hwn ond ychydig amser yn ôl, y mae Edgar Evans erbyn hyn yn un o gantorion mwyaf adnabyddus y dydd. Ceir ei hanes yn y papurau ac fe saif yn rheng flaenaf tenoriaid Prydain Fawr ac Ewrop.

Nai i Edgar Evans, Vernon Griffiths, sy'n ffermio yn y Cwrt heddiw.

Mae fferm Allt-goch yn ffinio â'r Cwrt. Huw Evans sy'n ffermio yno, gŵr sy'n barddoni ac yn dangos defaid Llanwenog mewn sioeau.

Ymhen rhyw dair milltir byddwch ym mhentref Cwrtnewydd.

Cwrtnewydd

Dyma eglurhad awduron *Hanes Plwyf Llanwenog* dros yr enw Cwrtnewydd:

Yn Rhuddlan Teifi yr oedd y llys cyntaf a fu erioed yn y plwyf; hwnnw oedd yr *hen* gwrt, ond nid oes yr olion lleiaf ohono yn aros heddiw. Ni wyddys ymhen pa faint o oesodd ar ôl y llys *cyntaf* yr adeiladwyd yr *ail*, sef y Cwrt Newydd. Saif hwn ar lan yr afonig Cledlyn, rhyw dair milltir o'r fan lle yr abera i Deifi.

Mae afon Cledlyn yn tarddu mewn ffynnon fechan ar ddyddyn Ty'n Lôn; fe lifa drwy'r pentref gydag afonydd Cathal a Meithgen yn llifo iddi.

Clwstwr o fythynnod bychain oedd Cwrtnewydd gynt, fel y rhan fwyaf o bentrefi'r sir. Ar sgwâr y pentref mae tair ffordd yn cwrdd â'i gilydd.

Mae Cledlyn y bardd yn nodi mai yn 1926 y rhedodd y bws cyntaf drwy Gwrtnewydd, sef bws Gwalia o gwmni Evans a Jones o Lanybydder.

Yng nghanol y pentref mae'r hen ysgol gynradd. Agorwyd hon yn 1878. Agorwyd ysgol newydd yng Nghwrtnewydd yn 1959 i fyny'r rhiw am Gwmsychbant. Bellach mae'r hen ysgol yn ganolfan gymdeithasol.

Ceir hanes yr ysgol a'r athrawon yng nghyfrol dathlu canmlwyddiant Ysgol Gynradd Cwrtnewydd 1878-1978 a olygwyd gan D. Eirian Evans (yr ysgolfeistr ar y pryd). Gwaetha'r modd, rhaid cyfyngu i gyfeirio at dri o'r ysgolfeistri yn unig. Y trydydd prifathro oedd David Rhys Davies neu Cledlyn y cyfeirir ato'n aml yma. Brodor o Gwrtnewydd ydoedd a cheir portread ohono yn *Deri O'n Daear Ni* gan berthynas agos iddo, sef Bifan Prys Morgan. Mab i of hoelion ydoedd ac fe'i hadweinid fel Ifan Go' Neiler.

Yn 1935 penodwyd Mr D. Emrys Rees B.Sc. yn brifathro ysgol Cwrtnewydd a bu yma tan iddo fynd yn athro ffiseg i Ysgol Uwchradd Abergwaun yn 1943. Ar y staff bryd hynny roedd D.J. Williams, awdur *Hen Wynebau*. Enillodd D. Emrys Rees y wobr am 'Bortreadau o Chwe Chymeriad o Unrhyw Ardal' yn Eisteddfod Genedlaethol Dyffryn Maelor, 1961. Cyhoeddwyd y rhain gan Gymdeithas Lyfrau Ceredigion dan y teitl *Cymdogion*. Portreadau o gymeriadau gwreiddiol ym Manc Siôn Cwilt, bro enedigol Emrys Rees yw'r cynnwys.

Gerllaw yr hen ysgol ar waelod rhiw Pen-sarn mae Capel Seion. Sefydlwyd eglwys y Bedyddwyr yng Nghwrtnewydd yn 1829 er bod yr achos yn dyddio'n ôl i 1820. Ar y mur y tu ôl i'r pulpud mae carreg yn coffáu dau o weinidogion eglwys Seion, y Parchedigion Evan Phillips a John Vaughan Pughe.

Un o enwogion Cwrtnewydd yw John James (J.J.) Evans a aned yn Nhŷ Capel y Bryn yn 1894. Gwasanaethodd fel prifathro ysgol sir Tyddewi. Cyhoeddodd nifer o lyfrau, yn eu plith *Dylanwad y Chwyldro Ffrengig ar Lenyddiaeth Cymru* (Gwasg y Brython, 1938) a *Morgan Rhys a'i Amserau* (Gwasg Prifysgol Cymru, 1935). Brwydrodd dros le'r Gymraeg yn ysgolion sir Benfro a bu'n is-lywydd U.C.A.C. rhwng 1938-44.

Mae'r canwr ifanc poblogaidd Paul Williams yn byw yng nghanol y pentref ac mae'n ffermio ar fferm y teulu sy'n nes am Gwmsychbant.

Ar heol Dre-fach gwelwch Gapel y Bryn ar y dde ac mae lle i barcio ar y chwith. Mae carreg yn y capel yn coffáu'r Parchedig John Davies, Alltyblaca, prif sefydlydd yr achos Undodaidd. Ceir un arall i gofio un o'r sylfaenwyr – y diweddar arwerthwr Thomas Jones. Cofiaf yn iawn am fab iddo yn gwerthu mewn arwerthiant ac roedd Elgan Jones, yr ŵyr, hefyd yn tueddu i lafarganu'n reit swynol wrth werthu. Mae carreg goffa i gofio Evan Tom Jones, Llety'r Wennol, a fu farw'n garcharor rhyfel yn yr Almaen yn 1918, yno hefyd.

Yn y fynwent gwelir maen amlwg uwchben bedd Gwarnant Williams. Meibion iddo oedd y Parchedig T. Oswald Williams, gweinidog Frondeifi (U) Llambed ac M.Ll. Gwarnant Williams, Alltyblaca, cynghorydd, cadeirydd a henadur ar Gyngor Sir Aberteifi.

Dilynwch y ffordd hon drwy Dre-fach a theithio tuag at bentref bach Cwmsychbant.

Cwmsychbant

Lleolir Cwmsychbant ar heol yr A475

rhwng Dre-fach a Rhydowen. Pentref bach ydyw ond fe gododd wyddonydd enwog sef y Dr Evan James Williams. Mab ydoedd i James ac Elizabeth Williams, Brynawel ac un o'r disgyblion disgleiriaf a fu yn Ysgol Gynradd Llanwenog ac yn Ysgol Sir Llandysul. Mr William Lewis M.A. (Caergrawnt) a brodor o Gwm-ann oedd y prifathro yno ar y pryd. Bachgen o Gwmsychbant o'r enw Goronwy Evans a ofalodd fod cofeb deilwng ar dalcen tŷ Brynawel, Cwmsychbant i goffáu

Evan James Williams
1903 - 1945
Ffisegwr o Fri.

Mae bedd y gwyddonydd ym mynwent capel bach y Cwm sydd bron gyferbyn â Brynawel. Mae gan Goronwy Evans bortread ohono yn y gyfrol *Deri O'n Daear Ni*:

Cof plentyn sydd gennyf amdano ac yn arbennig iawn am fisoedd olaf ei fywyd yn ei gartref ym Mrynawel yng nghwmni ei rieni, yn ei lusgo'i hun hyd y diwrnod olaf ar fraich ei fam o ymyl y tân at y bwrdd o flaen y ffenest i orffen erthygl bwysig o'i eiddo.

Ceir bywgraffiad byr ohono yn *Y Bywgraffiadur Cymreig* sy'n manylu ar ei yrfa. Fe'i hetholwyd yn Gymrawd o'r Gymdeithas Frenhinol yn 1939.

Bu farw'r gwyddonydd yn ŵr ifanc dwy a deugain oed. Petai wedi cael oes hwy mae'n bur debyg y byddai gwobr Nobel wedi dod i'w ran. Meddai O.E. Roberts yn y bennod 'Dirgelwch Mater' o'i lyfr *Gwyddonwyr O Gymry*, 'Cyfrifir E.J. Williams yn un o ffisegwyr

blaenaf y ganrif'.

'Desin' oedd ei lysenw yn Ysgol Llandysul. Un bach o gorffolaeth ydoedd ac yn fathemategwr er pan oedd yn ifanc. 'Decimus' a roddodd iddo'r llysenw. Dr E.T. Davies o Goleg y Brenin, Llundain sy'n cofio am 'Desin' ei gydymaith yn Ysgol Sir Llandysul. Gweler ei deyrnged (yn Saesneg y mae) yn *Yr Adastra* (cylchgrawn Ysgol Sir Llandysul, Nadolig 1945).

Yn *Y Smotiau Duon* dywed D. Elwyn Davies y canlynol am Gapel y Cwm, Cwmsychbant:

Capel y Cwm, yng Nghwmsychbant, ydyw baban eglwysi Undodaidd sir Aberteifi, ac fe'i sefydlwyd yno'n syml am nad oedd gan y Mudiad, nac unrhyw enwad arall o ran hynny, le i'r trigolion addoli yno. Gwireddwyd yma, tua 1886, freuddwyd 'cwmni bychan o galonnau mawr,' chwedl T. Oswald Williams.

Gwasanaethwyd yma gan y Parchedigion John Davies, T. Oswald Williams, S.E. Bowen, D. Jacob Davies a Griffith Jones. Y Parchedig Alun Wyn Dafis yw'r gweinidog presennol.

Y Parchedig D.J. Goronwy Evans yw'r unig aelod a godwyd i fod yn weinidog o Gapel y Cwm. Yn *Y Smotiau Duon* mae D. Elwyn Davies yn ei ddisgrifio fel gweinidog, trefnydd a gweinyddwr:

Ef yw Ysgrifennydd y Gymdeithas Undodaidd Gymraeg a sefydlydd y Ganolfan Lyfrau i'r Gymdeithas honno. Bu'n arloeswr yn y weinidogaeth gan arbrofi â chyfryngau modern fel y tâp-fideo a chyfieithydd. Y mae'n gydolygydd *Yr Ymofynnydd* ac awdur llyfrau hanes eglwysi Brondeifi a Phenrhiw.

Ymhlith ei weithgareddau yn Llambed gellir nodi'r canlynol: un o sefydlwyr Eisteddfod (Pantyfedwen), Llambed ac ysgrifennydd cyffredinol iddi ers y dechrau; ysgrifennydd Eisteddfod Genedlaethol Llambed, 1984; trefnydd cangen Llambed o 'Blant Mewn Angen'; un o sefydlwyr Cylch Cinio Llambed a chadeirydd Pwyllgor Gwaith Eisteddfod Genedlaethol yr Urdd Llambed, 1999. 'A Fo Ben Bid Bont' yw arwyddair Goronwy mae'n siŵr!

Gan fod crefydd wedi cymryd rhan mor bwysig yn y cylchoedd gwledig hyn, rhaid ymweld â chapel arall. Cymerwch y ffordd o sgwâr Cwmsychbant i Lanybydder i ymweld â Chapel yr Annibynwyr, Bryn Teg. Mae'r olygfa oddi yno yn werth ei gweld.

Dyma ddyfyniad o *Hanes yr Annibynwyr* (Thomas Rees a John Thomas) sy'n nodi cyflwr cymdeithasol yr ardal cyn sefydlu yr eglwys ym Mryn Teg:

Hyd tua 1835, treulid y Sabbath yn gyffredin i ddwyn ymlaen gampau llygredig, yn neilltuol 'cicio'r bêl-droed'. Ar y Nadolig, yr oedd 'match cicio'r bêl' yn cymryd lle rhwng gwŷr y 'Fro' a gwŷr y 'Blaenau', pryd y ceid cynulliad lluosog, oddeutu'r tair mil, meddir, o drigolion y plwyf, a'r ardaloedd cyfagos.

Methiant fu'r ymgais i gynnal Ysgol Sul ym mhentref Rhuddlan oherwydd gwrthwynebiad yr ardalwyr. Llwyddiant, fodd bynnag, fu hanes yr achos ym Mryn Teg. Rhoddwyd tir ar gyfer adeiladu capel a mynwent helaeth ar fferm Abertegan gan yr Uch-Gapten Evans. Agorwyd y capel yn 1838. Un o'r gweinidogion mwyaf amlwg a fu yno oedd y Parchedig T. Cennech Davies. Cyhoeddwyd casgliad o'i gerddi gan Wasg Gymraeg Foyle o dan y teitl *Cerddi'r Encil* (1931).

Dyma gyfle nawr i ddweud gair am y grŵp poblogaidd Y Tri-o-Ni. Y tri aelod oedd Megan Jones (gynt Evans), Dulcie Jones (gynt Richards) a Dafydd Jones. Mae Megan a'i chwaer Sulwen yn dod o Gwmsychbant a bu'r ddwy yn aelodau yng Nghapel Bryn Teg cyn gadael yr ardal. Roedd eu mam, Madam Jennie Hughes Evans, Cwmsychbant, yn adnabyddus ar lwyfan eisteddfodau a chyngherddau am flynyddoedd. Merch o Lanybydder yw Dulcie a chwaer i Mrs Elonwy Davies (arweinydd presennol Côr Meibion Cwm-ann). Mae Lowri, y ferch, yn wyneb cyfarwydd ar y teledu. Roedd Dafydd, yr offerynnwr, yn ysgolfeistr yn Llwyncelyn ar y pryd.

Yn un o bartïon Nadolig Ysgol Sul Bryn Teg y dechreuodd y grŵp Merched Gwenog ganu gyda'i gilydd am y tro cyntaf. Disgyblion yn Ysgol Uwchradd Llambed oedd y ddwy chwaer Glenys a Beryl Thomas ac Enid Harris yn gweithio mewn banc yn Llanybydder. (Ceir portread o'r grŵp yn *Y Cardi*, Cylchgrawn Cymdeithas

E.J. Williams F.R.S.

Carreg fedd yr Athro E.J. Williams F.R.S.
ym mynwent capel Cwmsychbant

Tŷ hir Rhiw Sôn Uchaf, Llanwenog

Ceredigion, Rhif 7, Awst 1970.)

Mab i'r Parchedig Fred Jones – un o deulu'r Cilie, Llangrannog – yw'r Parchedig Gerallt Jones a fu'n gweinidogaethu ym Mryn Teg. Cyn dod i Fryn Teg a Bethel, Dre-fach bu'n gweinidogaethu ym Mrynaman a Llanuwchllyn. Roedd ei wraig, Elisabeth, yn gerddor a rhwng y ddau daethpwyd i ben â chyfieithu campwaith Joseph Haydn, 'Y Greadigaeth', i'r Gymraeg. Mae eu tri mab yn adnabyddus ledled Cymru heddiw: Dafydd Iwan, Alun Ffred a Huw Ceredig.

Wrth ddilyn y daith yn ôl i gyfeiriad Llambed, dewch i bentref Llanwenog.

Llanwenog

Plwy Gwenog! Pa le gwynnach? –
a pha blwy'
A phobl well, neu ffeinach?
Ambell gawr; ambell gorrach;
Gwŷr o nod; a gwerin iach!

Dyma'r englyn a gyfansoddwyd gan y bardd a'r ysgolfeistr Cledlyn wrth gyflwyno ei lyfr *Hanes Llanwenog: y Plwyf a'i Bobl* gan D.R. a Z.S. Cledlyn Davies, Dol Ardd, Cwrtnewydd. Mae'n llyfr ardderchog a gwerthfawr.

Mae plwyf Llanwenog yn blwyf go fawr o ran arwynebedd. Gorwedd yn nyffryn Teifi ac yn rhanbarth de-ddwyreiniol Ceredigion. I lawr o lechwedd bryniau'r Whilgarn yn y gogledd hyd at afon Teifi yn y de y mae'r plwyf yn chwe milltir o hyd, ac o Bentre Rhys yn y dwyrain hyd Flaen Cathal yn y gorllewin mae'n mesur pedair milltir a hanner.

Mae plwyf Llanwenog yn ddiau wedi magu nifer helaeth o enwogion. Yn wir, mae Cledlyn yn rhestru saith ar hugain o enwogion ac yn eu plith y mae dau ysgolhaig o fri. Am y Dr John Gwenogfryn Evans M.A., D.Litt dywed Cledlyn: 'Y mwyaf efallai o holl blant plwy' Gwenog'. Cofiwn am ei waith arloesol yn astudio a chopïo hen lawysgrifau. Y Parchedig Moses Williams M.A., F.R.S. yw'r ysgolhaig arall. Am gyfnod byr iawn bu'n dal bywoliaeth plwyf Llanwenog ac fe gofir amdano yntau fel casglwr trysorau llenyddol ein hiaith. Ym mhentref Cwmsychbant gerllaw y codwyd gŵr F.R.S. arall – E.J. Williams D.Sc., un o wyddonwyr mawr ei gyfnod a fu farw'n ŵr ifanc.

Hyn sy'n rhyfedd: yng nghysgod twr Eglwys Llanwenog mae David Davis, Castellhywel wedi ei gladdu. Mae'r bedd ar ochr ddeheuol y twr. Mae'n rhaid bod i'r ysgolhaig a'r athro hwn gryn barch ac edmygedd yng nghylch y Smotyn Du oherwydd Undodwr ydoedd.

Fel ym mhob ardal bron roedd nifer o werinwyr ffraeth a diddan yn byw o amgylch Llanwenog. Un ohonynt oedd Jac Abertegan. Ffermiai ar stad Plas y Dolau ac mae Cledlyn wedi croniclo rhai o'r storïau amdano ef a'r Major Davies-Evans, y meistr tir. Y ddau yn gymdogion am y ffin â'i gilydd.

Wrth ddod i mewn i Lanwenog o gyfeiriad Cwmsychbant mae heol ar y chwith yn eich cyfeirio at yr eglwys sydd rhyw chwarter milltir i ffwrdd. Mae eglwys y plwyf wedi ei chysegru i Santes Gwenog. Yma mae lle i barcio ger mynedfa'r eglwys a diolch byth, nid yw drws yr eglwys wedi ei gloi gan amlaf. Dyma un o'r eglwysi mwyaf diddorol sydd i'w gweld yn ardaloedd gwledig y broydd hyn, gyda'i thwr uchel, cadarn.

Bu cerflun y croeshoeliad islaw ffenest ddwyreiniol yr eglwys, ond oherwydd effaith y tywydd symudwyd y cerflun i mewn i'r eglwys. Heddiw fe'i gwelir wedi ei osod yn gelfydd yn rhan o'r allor newydd.

Nodwedd arbennig arall yw'r meinciau derw a'r cerfiadau cywrain sydd arnynt. Cynlluniwyd ymylon y meinciau gan Mrs Davies Evans o'r Dolau a'r cerfiadau gan Joseph Reubens, cerflunydd o wlad Belg. Daeth ef i'r ardal am loches yn ystod y Rhyfel Mawr a gwahoddwyd ef i wneud y gwaith, sy'n dipyn o ryfeddod. Mae pobl a digwyddiadau amrywiol yn cael eu coffáu ar dalcennau'r meinciau. Teg hefyd yw cofnodi mai Mr William Evans, saer ar stad y Dolau a wnaeth y meinciau.

Roedd y llyfryn *Eglwys y Plwyf, Llanwenog* yn arfer cael ei werthu yn yr eglwys. Y Parchedigion John Morris ac R.E.H. Evans (ficeriaid) fu'n gyfrifol amdano. Mae diweddariad o'r llyfr hwnnw ar werth yno heddiw gyda chyflwyniad gan y Parchedig Evan D. Griffiths. Dylid nodi bod bedyddfaen yr eglwys yn hen ac o gryn ddiddordeb, a'r sgrîn hynafol sydd yno hefyd.

Ychydig iawn a wyddys am Santes Gwenog. Roedd yma Ffynnon Wenog ac iddi rinweddau iacháu. Heddiw nid oes olion ohoni.

Cynhaliwyd Ffair Wenog ar y 14eg o fis Ionawr a hon oedd yr unig ffair i'w chynnal ym mhlwyf Llanwenog trwy'r flwyddyn.

Ym mhentref Llanwenog y mae'r ysgol gynradd leol sydd ychydig lathenni o'r eglwys i gyfeiriad Llanybydder. Ysgol Eglwys yw hi.

Mae Clwb Ffermwyr Ifainc Llanwenog yn rhoi'r pentref ar y map trwy gipio tarian Rali Ceredigion yn fynych iawn.

Os ydych yn hoffi ymweld â hen adeiladau mae'n debyg y byddai'r tŷ hir yn Rhiw Sôn Uchaf o ddiddordeb i chi. Dilynwch y ffordd o Dre-fach i Gwrtnewydd a throi ar y troad cyntaf i'r dde i fyny Rhiw Sôn. Ewch heibio Rhiw Sôn Isaf ar y chwith, yna yn nes ymlaen ar yr ochr dde wrth y tro mae Rhiw Sôn Ganol. Gerllaw mae Rhiw Sôn Uchaf lle mae'r tŷ hir hanesyddol i'w weld. Gwell fyddai mynd ar droed o Dre-fach gan fod yr heol lan tuag at Rhiw Sôn Uchaf yn un go gul.

Yn ddiweddar y daeth y tŷ hwn i'r amlwg. Mae Eleri Thomas a'i theulu sy'n ffermlo Ffos-ffald gerllaw wedi ymddiddori yn y tŷ hir. Pan fûm yn ymweld â'r lle roedd cryn waith adnewyddu yn digwydd yno. Mae'n debyg mai Rhiw Sôn Uchaf yw'r olaf o'r tai hirion sydd wedi cadw'r fynedfa o'r beudy i'r tŷ. Mae nodweddion gwreiddiol eraill y tŷ hir hwn wedi eu cadw yn rhyfeddol o dda. Cewch groeso mawr wrth ymweld â'r lle. Mae Eleri bellach wedi dechrau busnes llunio cardiau at bob achlysur ac mae croeso i grwpiau bychain ymweld â'r tŷ hir.

Wrth ddod i lawr yn ôl i bentref Dre-fach arhoswch gerllaw Capel Bethel, Dre-fach sydd ar y dde. Sefydlwyd Bethel yr Annibynwyr yn 1882. Roedd y fam eglwys, sef Bryn Teg, wedi ei hagor yn 1838. Bu'r ddwy eglwys o dan yr un weinidogaeth tan yn ddiweddar. Heddiw maent mewn gofalaeth sy'n cynnwys nifer helaeth o eglwysi.

Ym mhentref Dre-fach mae cof-golofn i goffáu'r bechgyn a gollwyd yn y ddau Ryfel Byd. Mae cofeb felly bron ym mhob llan a phentref yn y fro.

Gadewn Lanwenog a Dre-fach a dychwelyd drwy Lanwnnen yn ôl i Lanbedr Pont Steffan.

Dilyn Afon Teifi

Ar y daith hon byddwn i bob pwrpas yn dilyn afon Teifi o Gwmsychbant i Aberteifi. Weithiau byddwn yn cael ein tynnu i ochr sir Gaerfyrddin yn hytrach na theithio ar yr A487 gydol yr amser.

Rhydowen

Rhydowen yw'r pentref cyntaf ac yno ar Sgwâr Alltrodyn mae Capel Llwynrhydowen ar y chwith. Mae stori arwrol am y 'troad allan' a ddigwyddodd yno. Ar fore Sul, Hydref 29ain, 1876 caewyd drysau'r capel a chlwydi'r fynwent yn wyneb gweinidog a chynulleidfa Undodaidd Llwynrhydowen. Y gweinidog oedd Gwilym Marles – William Thomas, radical a diwygiwr cymdeithasol a aned ym Mrechfa, sir Gaerfyrddin.

Y prif reswm am y 'troad allan' oedd i nifer o denantiaid wrthod ufuddhau i sgweier Alltrodyn adeg etholiad 1868. Roedd cymhellion amheus asiant y stad, Mason Allen, yn rheswm arall. Ceir yr hanes yn llawn gan y Parchedig D. Jacob Davies yn y gyfrol *Y Fflam Fyw.* Brwydr oedd am hawl y werin i fwrw pleidlais gyfrin ac i'w plant gael addysg rydd.

Mae'r hen gapel ar Sgwâr Alltrodyn yn amgueddfa yn awr. Agorwyd capel newydd a welir ar y ffordd i Bont-siân ond yn rhy hwyr i'r gweinidog dewr. Bu farw'n ŵr ifanc dewr pump a deugain oed.

O'r gymdogaeth hon y gorfodwyd dau deulu i adael eu ffermydd oherwydd y 'wasgfa'. Ymfudodd teulu Ffynnon Llewelyn i Ynys Blackwell, America a theulu Blaenralltddu i ogledd America. Ŵyr iddynt oedd y pensaer enwog Frank Lloyd Wright.

Pont-siân

Rhwng Pont-siân a Thalgarreg mae Castellhywel. Yma roedd academi a gedwid gan David Davis, gweinidog yr Undodiaid yn Llwynrhydowen. Roedd David Davis yn ysgolhaig ac yn hyddysg yn y clasuron. Tyrrai myfyrwyr ato o bob cyfeiriad ac o bob enwad hefyd. Bu Christmas Evans, un o weinidogion mawr y Bedyddwyr yn un o'i ddisgyblion. Cadwodd David Davis ysgol ar ei fferm yng Nghastellhywel am ddeg mlynedd ar hugain; cyfnod llewyrchus iawn diolch i'r athro. Canolfan hamdden sydd yng Nghastellhywel heddiw ond mae cofeb i gofio mai athrofa oedd yma gynt. Mae'n ddiddorol nodi hefyd fod y bardd Dylan (Marlais) Thomas o'r un llinach â Gwilym Marles.

Pren-gwyn

Pren-gwyn yw'r pentref nesaf. Atgofion diddorol plentyn a faged ym Mhrengwyn yw'r llyfr â'r teitl hyfryd *Hafau Fy Mhlentyndod* gan Kate Davies, nith i Sarnicol y bardd.

Ym mhentref Prengwyn yr oedd gwreiddiau'r bardd Ifan Jones a gyhoeddodd *Cerddi y Pren Gwyn*. Bu'n oriadurwr yn Aberystwyth a'i siop yn ganolfan i feirdd. Ei ddiddordeb oedd datgelu cyfrinachau yr Eisteddfod Genedlaethol – yn enwedig pwy oedd i ennill y goron a'r gadair! Tipyn o gymeriad.

Ewch i lawr i Gorrig i weld Blaenffos lle ganed J. Ffos Davies a gasglodd ganeuon gwerin y fro.

Bydd yn rhaid gadael yr A487 yn y Gorrig a throi i'r chwith yn nes i afon Teifi ac i Landysul.

Llandysul

Arferai Cynan a'i gyfaill a'i gydbysgotwr Wilbert Lloyd Roberts ddod i aros i fferm Gilfach-wen, Llandysul ar wyliau pysgota ac fe ganodd Cynan gerdd i afon Teifi. Dyma ddyfyniad ohoni:

Mae afon sy'n groyw a gloyw a
glân,
A balm yn addfwynder a cheinder
ei chân.
Pob corbwll fel drych i ddawns
cangau'r coed cnau,
Pob rhyd fel pelydrau mewn
gwydrau yn gwau;
A'i thonnau gan lamu yn canu'n un
côr
Ym Mae Aberteifi ger miri y môr.

Mae'r llif yno'n ddiog, a'r dolydd yn
las,
A'r brithyll, a'r sewin a'r samon yn
fras;
A dau o enweirwyr, heb ofal is nen
Yn disgyn i'r afon o Blas Gilfach
Wen,
A thoc bydd Coch Bonddu yn
llamu'n ei lli' –
Rhowch Deifi Llandysul i Wilbert a
mi.

Mae clwb pysgota eithaf llewyrchus yn Llandysul a rhan go helaeth o afon Teifi wedi ei phrynu ganddo. Mae clwb canŵio yma hefyd.

Mae'r maes parcio cyfleus yng nghanol y pentref gerllaw Eglwys Sant Tysul. Islaw mae'r caeau chwaraeon a'r cyrtiau tennis yn ffinio â'r afon. Mae afon Teifi yn dal i fod yn ffin rhwng sir Gaerfyrddin a Cheredigion ac mae'r rhan fwyaf o bentref Llandysul yng Ngheredigion. Yno y mae'r ysgol gyfun ddwyieithog a fu gynt yn ysgol sir. Dyma'r ysgol ramadeg gyntaf i'w sefydlu yng Ngheredigion (yn sgîl pasio Deddf Addysg Ganolraddol Cymru ar y 12fed o Awst, 1889).

Mae tŵr cadarn yr eglwys yn perthyn i'r drydedd ganrif ar ddeg ac mae'n werth ymweld â'r adeilad urddasol. Yma cynhelir gŵyl Calan Hen trwy holi'r pwnc pan ddaw eglwysi'r cylch ynghyd ar y dydd Sadwrn cyntaf ar ôl y 12fed o Ionawr (dydd Calan Hen). Cyn hynny byddai gêm cicio'r bêl ddu yn cael ei chwarae rhwng plwyfi Llandysul a Llanwenog. Ficer y plwyf ar y pryd, y Parchedig Enoch Jones, a gafodd y syniad o gael Cymanfa Bwnc a disodli gêm y bêl ddu.

Yn y brif stryd mae sefydliad pwysig iawn sef Gwasg Gomer sydd wedi argraffu cannoedd o lyfrau am dros gant o flynyddoedd. Mae Gwasg Gomer yn dal yn un o brif gyhoeddwyr Cymru.

Ewch ymlaen dros y bont ar afon Teifi a chadw ar y dde i Bont-tweli. Yno mae afon Tweli ar ei thaith fer o Bencader yn aberu i afon Teifi. Arferai'r trên hefyd ddod o Bencader ac aros yng ngorsaf Llandysul cyn mynd ymlaen am Bentre Cwrt (mae twnnel yno), Henllan a Chastellnewydd Emlyn. Gerllaw iard yr orsaf mae'r mart.

Pentre Cwrt

Ymlaen o Landysul i Bentre Cwrt lle magwyd T. Llew Jones, prifardd ac awdur storïau i blant. Ym Mhentre Cwrt mae Cwm Alltcafan y canodd T.

Llew Jones gerdd iddo a'n gwahodd ni yn y pennill olaf i ymweld â'r lle:

Welsoch chi mo Gwm Alltcafan,
Lle mae'r coed a'r afon ddofn?
Ewch 'da chi i Gwm Alltcafan,
Peidiwch oedi'n hwy . . . rhag ofn!

'Ond rhowch i mi Deifi Llandysul bob tro,' medd Cynan. Etyb T. Llew Jones:

Ond i mi rhowch Gwm Alltcafan
Pan fo'r haf yn glasu'r byd.

Wrth grwydro'r ardal hon y mae un olygfa sy'n rhagori ar Deifi Llandysul a Chwm Alltcafan sef yr olygfa ysblennydd a geir o fynwent Eglwys Bangor Teifi gydag afon Teifi'n dolennu'n dawel yn y dyffryn islaw.

Dre-fach

Rhaid nodi yn y fan hyn eich bod yng ngwlad y ffatrïoedd gwlân. Roedd ffatri wlân Alltcafan a ffatri Derw yn dal i weithio hyd yn weddol ddiweddar ond mae'n amheus gennyf a oes yr un ffatri'n gweithio heddiw yn Nyffryn Teifi. Yn Nhre-fach Felindre y sefydlwyd Amgueddfa Diwydiant Gwlân Cymru sy'n rhoi hanes y prysurdeb a fu yn y broydd hyn. Dyma le y mae'n rhaid i chi ymweld ag ef. Cofiwch hefyd mai ym Mhant-yr-efail (Penboyr) y ganed Griffith Jones, Llanddowror, yr addysgwr a'r athro.

Henllan

'Nôl o Dre-fach Felindre i Bont Henllan, llecyn hardd arall. Bu pentref Henllan, fel Llandysul, yn un prysur iawn yng nghyfnod y rheilffordd. Yn iard yr hen orsaf heddiw mae rheilffordd Dyffryn Teifi ac oddi yma y cychwynna'r trên bach ar ran o hen drac y rheilffordd. Gellwch fynd ar y trên o'r Pasg hyd ddiwedd mis Hydref. Gwell gwneud ymholiadau ymlaen llaw ac mae gostyngiad mewn pris i bartïon o wyth a mwy. Bu gwersyll carcharorion i'r Eidalwyr yn Henllan adeg yr Ail Ryfel Byd. Wedi i'r gwersyll gau defnyddiwyd yr adeiladau ar gyfer ysgol uwchradd cyn adeiladu ysgol newydd yng Nghastellnewydd Emlyn. Cartref henoed sydd yn Nhafarn y Railway.

Castellnewydd Emlyn

Heibio i Gastell Newy' . . .

Yn wahanol i Landysul mae'r rhan fwyaf o Gastellnewydd Emlyn yn sir Gaerfyrddin ac Adpar yng Ngheredigion.

Mae adfeilion yr hen gastell ar lan afon Teifi. Fe'i codwyd gan Maredudd ap Rhys yn y drydedd ganrif ar ddeg ac fe'i hestynnwyd yn ddiweddarach gan Syr Rhys ap Thomas. Roedd ewythr Dafydd ap Gwilym, sef Llywelyn ap Gwilym yn gwnstabl Castellnewydd Emyn yn 1343. Mae gan y bardd gysylltiadau â'r fro a byddai'r beirdd yn sôn amdano fel 'eos Dyfed' a 'bardd glan Teifi'. Gŵr o Gastellnewydd oedd Ioan Emlyn, awdur y gerdd 'Bedd y Dyn Tlawd', ac o Barc-nest y daw'r teulu adnabyddus o lenorion cenedlaethol.

Gerllaw'r bont ar ochr Adpar mae carreg ar fur yn nodi mai yn y llecyn hwnnw y sefydlwyd y wasg argraffu gyntaf yng Nghymru gan Isaac Carter yn 1718.

Brodor o Adpar oedd yr arlunydd adnabyddus John Elwyn. Addysgwyd ef yn Ysgol Ramadeg Llandysul cyn mynd i astudio mewn coleg celf. Cefndir gwledig sydd i lawer o'i luniau.

Ym Mhontceri Trewen y maged y ddau frawd D. Emlyn Evans ac E. Keri Evans. Cerddoriaeth oedd maes D. Emlyn Evans a chyfansoddodd nifer o emyndonau ac anthemau: tonau megis 'Glanceri', 'Trewen' a 'Bethesda'. Roedd galw mawr arno i arwain cymanfaoedd canu ac i feirniadu canu mewn eisteddfodau.

Cafodd E. Keri Evans ei brentisio'n saer coed ond treuliodd dymor yn Ysgol Ramadeg Castellnewydd Emlyn. Oddi yno aeth i Goleg Presbyteraidd Caerfyrddin ac yna i Brifysgol Glasgow. Graddiodd yn M.A. gydag anrhydedd yn y clasuron ac athroniaeth. Penodwyd ef yn athro athroniaeth yng ngholeg y Brifysgol Bangor ac yna aeth yn weinidog yn Hawen a Bryngwenith (ger Castellnewydd Emlyn) cyn symud i Gapel Priordy, Caerfyrddin. Daeth yn drwm o dan ddylanwad Diwygiad 1904-5 ac ysgrifennodd y gyfrol *Fy Mhererindod Ysbrydol* yn 1938 am ei brofiadau.

Awn heibio Ysgol Gynradd Trewen a throi i'r chwith ar y ffordd i Genarth. Ar y ffordd hon y mae fferm Pen-y-Wenallt, cartref Theophilus Evans, clerigwr a hanesydd. Mae ei gyfrol *Drych y Prif Oesoedd* (1716) yn cael ei chyfrif yn un o glasuron ein llên. Yn sir Frycheiniog y treuliodd Theophilus Evans y rhan fwyaf o'i oes, yn offeiriad i Eglwys Loegr. Bu William Williams, Pantycelyn yn giwrad oddi tano yn Llanwrtyd.

O'r bont yng Nghastellnewydd ewch heibio i faes clwb rygbi Castellnewydd Emlyn i bentref

Llandyfrïog. Sylwch mai eog ac nid
ceiliog y gwynt sydd ar glochdy'r
eglwys.

Yn Abertrosol y bu'r hynafiaethydd
a'r clerigwr enwog Samuel Williams yn
byw. Ei waith pwysicaf oedd casglu a
chopïo llawysgrifau Cymraeg. Cafodd
gymorth ei fab disglair Moses Williams
i gopïo cywyddau Dafydd ap Gwilym.
Copïodd nifer helaeth o lawysgrifau
pwysig sydd heddiw yng nghasgliad
Llansteffan yn y Llyfrgell Genedlaethol.

Cenarth
Awn ymlaen i Genarth lle mae afon
Teifi yn arddangos ei rhaeadrau gwyllt.
Mae hen draddodiad o bysgota â
chorwgl ar hyd y rhan hon o'r afon. Nid
yw'n gyfreithlon bellach i bysgota â
rhwyd er mawr golled i'r coryglwyr.

Gwraig o Genarth yw Eluned
Phillips, enillydd dwy goron
genedlaethol a chofiannydd Dewi
Emrys.

Mae'r ganolfan ymwelwyr yng
Nghenarth yn barod i gyfarwyddo
unrhyw un sydd am wybod mwy am
atyniadau'r ardal, megis y rhaeadrau
ewynnog, dihafal. Adnewyddwyd yr
hen felin a'r rhod ddŵr fawr rai
blynyddoedd yn ôl. Ar ddiwrnod tawel
hwyrach y gwelwch ŵr unig yn llywio'i
gorwgl i lawr yr afon. Cofiaf am fodryb
Eluned Phillips (Anti Hana) yn rhwyfo'r
corwgl ar afon Teifi a hithau tros ei
phedwar ugain oed!

Awn ymlaen i Bont Seli (Capel yr
Annibynwyr) ac oddi yno i gyfeiriad
Capel Iwan er mwyn gweld Pant-yr-
Onnen – cartref E. Herber Evans,
awdur yr emyn 'Bydd Goleuni yn yr
hwyr'. Bu'n weinidog yn Salem (A)
Caernarfon cyn cael ei benodi'n

brifathro Coleg Bala-Bangor.

Yn yr ardal hon, sef Cwm Cych,
rydych eto yng ngwlad y Mabinogi –
peidiwch â mynd ar drywydd y Twrch
Trwyth 'chwaith!

Llechryd
Gerllaw'r bont yn Llechryd mae llwybr
hyfryd ar lan afon Teifi. Rhaid ymweld
ag eglwys hynafol a diddorol Manor
Deifi – eglwys y corwgl. Mae corwgl yn
crogi ar y mur y tu mewn. Efallai y
bydd ei eisiau eto os bydd i'r afon or-
lifo. (Mae pobl Llechryd yn gyfarwydd
â llifogydd.)

Yn Eglwys Manor Deifi y bu'r
Parchedig John Blackwell (Alun) yn
rheithor. Brodor o'r Wyddgrug (sir y
Fflint) oedd ef, ac awdur 'Cân Gwraig
y Pysgotwr' a llawer o gerddi
adnabyddus eraill. Mae Llechryd hefyd
yn enwog am nythaid o feirdd a
godwyd yma, sef Beirdd Cwm-du.

Heddiw mae Llechryd yn enwog
am ei dîm criced disglair ac yn y
pentref nesaf, Llangoedmor, y maged
y joci Hywel Davies a enillodd ras y
Grand National ar y ceffyl Last
Suspect.

Cilgerran
Rhaid 'taro cis ar Ddyfed' ys dywed
R.T. Jenkins, a mynd i weld y castell
uwchlaw afon Teifi yng Nghilgerran.

Adeiladwyd y castell Normanaidd
presennol yn y drydedd ganrif ar ddeg.
Mae'r ddau dŵr cadarn, sef tŵr y
dwyrain a thŵr y gorllewin yn sefyll ar
graig uwchlaw ceunant Plysgog ac
afon Teifi. Fel y digwydd gyda chestyll
hynafol, mae castell Cilgerran wedi ei
seilio ar ymyl penllanw'r afon. Roedd
hyn yn sicrhau mynediad i longau

Coryglau yng Nghenarth

Castell Cilgerran

mawr beth bynnag fyddo natur y llanw.

Bydd ymwelwyr yn mynd i mewn i'r castell ar hyd mynedfa fodern ac ar unwaith fe welir bod ei leoliad yn atyniadol i ymwelwyr. Ychwanegir at ramant y lle gan stori Nest, merch Rhys ap Tewdwr, brenin olaf Deheubarth. Roedd Nest yn ferch arbennig o hardd nes iddi gael ei galw'n Helen o Gymru. Roedd yn wraig i Gerallt o Windsor, cwnstabl castell Penfro. Ymserchodd Owain ap Cadwgan â Nest a'i chipio o gastell Cilgerran yn ôl yr hanes.

Yno hefyd mae canolfan natur gyda llwybrau lle gwelir adar a chreaduriaid yn eu cynefin naturiol.

Yn Llandudoch gerllaw mae hen abaty a sefydlwyd ar safle hen glas oddeutu 1115. Yn ôl pob tebyg, eglwys bren oedd yr un Geltaidd. Yn *Brut y Tywysogyon* dywedir bod y Llychlynwyr wedi'i llosgi i'r llawr.

Yn dilyn goresgyniad y Normaniaid, adeiladwyd castell cyntaf Aberteifi, y Din Geraint, gyferbyn â phentref presennol Llandudoch. Yn sgîl hynny sefydlwyd priordy gan Robert Fitz Martin, Arglwydd Cemaes, gyda chymorth deuddeg mynach o Tirôn yn Ffrainc. Cangen o Abaty Llandudoch sydd ar Ynys Bŷr ger Dinbych-y-pysgod.

Y brif fantais wrth adeiladu'r abaty hwn oedd fod digon o gerrig o chwarel leol a digon o goed o gwmpas i'w hadeiladu. Mae'r felin gerllaw yn dal i werthu blawd traddodiadol. Yng nghyfnod y mynaich roedd llyn pysgod wedi ei gronni ac roedd afon Teifi hefyd yn cyflenwi llawer o bysgod. Bu Gerallt Gymro yn aros gyda'r Abad pan oedd ar ei daith trwy Gymru. Yn yr abaty y cafodd 'yr eog mwyaf blasus erioed'. (Hen arferiad yn Llandudoch yw pysgota gyda rhwyd fawr ar draws afon Teifi. Y Sân yw'r enw ar yr arferiad.) Roedd perllan fawr yn perthyn i'r abaty hefyd lle cedwid nifer o gychod gwenyn.

Eglwys Llandudoch yw'r eglwys gynharaf yn y cylch a adeiladwyd ar ffurf croes. Mae iddi dalcen crwn ar yr ochr ddwyreiniol. Yn yr eglwys gwelir carreg Sagranus gyda marciau arni yn yr hen iaith Oideleg.

Yn 1251 cwblhawyd y gwaith mwyaf ar yr abaty ond yn y bedwaredd ganrif ar ddeg fe'i dinistriwyd gan dân mawr. Wrth ailadeiladu ychwanegwyd rhagor ato: ysbyty, ffreutur, ceginau, clwysty, ystafelloedd gwesteion, tŷ siaptyr, ystafell fyw ac ystafell yn y fynedfa lle rhoddid bwyd neu lety i dlodion.

Diddymwyd y fynachlog yn 1536 a dyna dynged y mynachlogydd eraill hefyd yn Ystrad-fflur a Thalyllychau.

Aberteifi

Yn y ganolfan i ymwelwyr ar y cei islaw pont Aberteifi cewch gyfarwyddiadau llawn am y mannau diddorol i ymweld â hwy. Yn Aberteifi y cynhaliodd yr Arglwydd Rhys yr eisteddfod gyntaf yn 1176. I gofio'r achlysur hanesyddol cynhaliwyd Eisteddfod Genedlaethol Cymru Aberteifi yn 1976. Mae Aberteifi, fel Llambed a Phontrhydfendigaid yn cynnal eisteddfodau mawr.

Yn y dref gwelir yr enw 'feidir' (lôn gul) ar rai o'r strydoedd, megis Feidir Fair. Yn Feidir Eben, gyferbyn â Banc y Midland, mae carreg i gofio am ddau o frodorion llengar tref Aberteifi.

Dyma'r geiriau sydd arni:

ER MWYN CYMRU
Gosodwyd i fyny gan
Gymmrodorion Aberteifi
I Gofio
TELYNOG, 1840-1865
OSSIAN DYFED 1852-1916.

Bardd ifanc o Aberteifi a enillodd y gadair yn Eisteddfod Genedlaethol Meirion (Y Bala), 1997 am ei awdl 'Gwaddol' yw Ceri Wyn Jones sy'n athro Saesneg yn Ysgol Gyfun Dyffryn Teifi.

Mae Ysgol Uwchradd yn Aberteifi, Coleg Addysg Bellach, Canolfan Hamdden, Theatr y Mwldan, capeli, dwy eglwys (Eglwys yng Nghymru ac Eglwys Gatholig), gwestai a siopau. Fel trefi eraill y sir mae yma gyfleusterau chwaraeon ac atyniadau hamdden hefyd.

Ar Hyd y Glannau

Aberaeron

Aberaeron yw'r dref glan môr nesaf i Lambed ac i gyrraedd Aberaeron o Lambed rhaid teithio drwy Ddyffryn Aeron. Mae'n ddyffryn rhyfeddol o brydferth gydag afon Aeron yn tarddu ger Llyn Eiddwen ar y Mynydd Bach cyn llifo drwy Langeitho, Tal-sarn, Ciliau Aeron ac aberu yn Aberaeron.

Ar y ffordd o Lambed ewch drwy Temple Bar, Felin-fach a Chiliau Aeron. Yn Felin-fach mae ffatrïoedd sy'n cynhyrchu caws ac yn rhoi gwaith i amryw o'r bobl leol. Gerllaw y ffatrïoedd hyn mae Theatr Felin-fach gyda'i chanolfan athrawon a stiwdio radio sy'n darlledu ar donfeddi Radio Ceredigion ar brydiau. Mae canolfan amaethyddol go fawr yng nghanol y pentref hefyd.

Ar ôl mynd drwy bentref Ciliau Aeron gwelir arwydd sy'n cyfeirio at Neuaddlwyd. Oddi yno yr aeth David Jones a Thomas Bowen yn genhadon i Fadagascar. Mae cerflun o flaen Capel Neuaddlwyd i goffáu hynny.

Mae Aberaeron yn dref ddymunol iawn ac yn boblogaidd gydag ymwelwyr yn ogystal â thrigolion lleol. Ceir ffordd lydan braf yn mynd trwy ganol y dref. Yn wir, mae'r dref wedi cael ei chynllunio'n ofalus iawn. Alban Gwynne, Tŷ-glyn fu'n gyfrifol am y cynllunio a gelwir y sgwâr yng nghanol y dref yn Sgwâr Alban. Rhoddodd Deddf Seneddol 1807 yr hawl iddo godi dau bier ac adeiladau eraill yn y dref a hyd heddiw mae pensaernïaeth arbennig tref Aberaeron yn destun diddordeb ac astudiaeth pobl o bell ac agos.

Gwelir yma *Regent Street* ac *Oxford Street* ac mae stryd fach ger yr harbwr yn dwyn yr enw *Drury Lane* – er nad oes theatr yno!

Gwnaed gwelliannau diweddar yn yr harbwr – neu Pwll Cam o roddi iddo ei enw gwerinol. Atyniad mawr yr harbwr yw'r cerbyd bach a aiff â chwi i'r ochr arall, ond mae gofyn cael gŵr cyhyrog i droi'r olwyn fawr.

Cynghorwn chwi i ymweld â'r ganolfan bywyd môr gerllaw gwesty'r *Harbour Master* ac yn ymyl y ganolfan honno mae canolfan ymwelwyr all roi gwybodaeth am leoedd o ddiddordeb, nid yn unig yn Aberaeron ond o gwmpas yr ardal gyfan.

Un o brif atyniadau Aberaeron yw hwylio ac mae'r clwb cychod yn ffyniannus iawn.

Mae afon Aeron yn enwog am ei sewin a daw pobl o bell ac agos yma i'w pysgota. Hefyd yn yr harbwr gwelir y Cwch ar y Cei ond cwch o fath gwahanol yw hwn – cwch gwenyn a daw pobl a phlant o bell ac agos i flasu'r hufen iâ blas mêl sydd ar werth yno.

Mae cyfleusterau chwaraeon da yn Aberaeron hefyd. Clwb bowlio a chyrtiau tennis gyferbyn â'r Neuadd Goffa ac addewid am ganolfan hamdden yn y dyfodol agos. Mae criced yn cael ei chware ar gaeau'r ysgol ar y ffordd i'r traeth ac mae cwrs golff bychan islaw y cae rygbi.

Ceinewydd

I gyrraedd Ceinewydd o Aberaeron teithiwch ar ffordd yr arfordir (yr A487) i Lannarth. O dŷ o'r enw Pandy yn Llannarth yr anfonodd Ifan ab Owen Edwards ei neges fod Urdd Gobaith Cymru wedi'i sefydlu. Trowch i'r dde wrth Westy Llanina am Geinewydd a dod i Gilfachreda. Mae Plas y Wern lle treuliodd Harri Tudur noson ar ei daith i Faes Bosworth, yn ôl y sôn, i'w weld gerllaw Eglwys Llanina.

Ceinewydd yw un o fannau brafiaf yr ardal i ymdrochi neu i nofio yn y môr. Lle da i hwylio ac i bysgota hefyd. Yma mae'r bad achub a'r criw yn barod at bob galwad.

Yn y Cei y ganed y bardd Dewi Emrys. Bu'r awdures Moelona (Elizabeth Owen) a'i gŵr y Parchedig J. Tywi Jones yn byw yma wedi ymddeol hefyd, a bu Dylan Thomas yma am gyfnod. (Bu ef yn byw yn Nhal-sarn, Dyffryn Aeron yn ogystal.)

Mae Ceinewydd yn lle prysur tu hwnt yn yr haf ac mae yma goloni o garafannau sy'n golygu bod poblogaeth yr ardal yn cynyddu'n sylweddol. Bydd rhai ymwelwyr yn mynd i Gwmtudu i hamddena.

> Cwm cul, cam, cartre rhamant – a
> chwmwd
> Dychymyg a moliant;
> Hen gwm pert ac important
> A'i wyrthiau coeth wrth y cant.

Isfoel piau'r englyn – y cyntaf o gyfres o saith. I'r odyn galch yng Nghwmtudu y deuai beirdd o bob gradd i Seiat Waldo bob haf gydag Isfoel ac Alun y Cilie yn flaenoriaid yno.

Yn y ddeunawfed ganrif yma y bu Siôn Cwilt a'i gyfeillion yn smyglo ar y glannau. Cafodd Siôn ei enw oherwydd y gôt glytiog, liwgar a wisgai. Trigai mewn tŷ unnos ar rostir uchel rhwng Post Bach a Croesor

Ceinewydd

Traeth Llangrannog c.1890

Mount – ardal a elwir hyd heddiw yn Fanc Siôn Cwilt. Dywedir i Siôn guddio ei ysbail mewn ogofâu ar arfordir Ceredigion a'i werthu i uchelwyr lleol am grocbris.

Mae hanes ar lafar gwlad fod llong danfor Almaenig wedi llechu yn y bae yn ystod y Rhyfel Byd Cyntaf. Mae'n debyg fod yr Athro Melville Richards wedi seilio ei nofel gyffrous *Y Gelyn Mewnol* ar y digwyddiad honedig.

Uwchlaw Cwmtudu mae fferm y Cilie lle magwyd nythaid o feirdd. Roedd Jeremiah Jones y tad yn hoff o gyfansoddi caneuon meigs 'Tair Erw a Buwch' a 'Helynt yr Antelope' a genid ar y dôn 'Mae Robin yn Swil'. Roedd y digwyddiadau y sonnir amdanynt yn y ddwy gân yn hanesyddol wir. Mae'r ddwy gân i'w gweld yn *Hen Ŷd y Wlad* gan Isfoel.

Enillodd Simon B. Jones gadair a choron mewn Eisteddfodau Cenedlaethol. 'Tyddewi' oedd testun yr awdl a 'Rownd yr Horn' oedd testun y bryddest. Nid rhyfedd i 'S.B.' gystadlu ac ennill – yntau wedi bod ar y môr ei hunan.

Llangrannog

Ewch ymlaen yn awr am Gapel y Wig a Phontgarreg. Yma mae'r prifardd T. Llew Jones yn byw – awdur toreithiog llyfrau i blant a phobl ifanc. I fyny'r ffordd mae Llangrannog ac o ddal i deithio a throi i'r dde dewch at wersyll yr Urdd. Mae gweithgareddau i blant yno megis merlota, go-carts ac ati. Mae yno lethr sgio hefyd sydd yn cael ei ddefnyddio'n helaeth iawn.

Mae cwrs golff naw twll ym Mhentre Gât gerllaw. Yn y pentref hwn y triga'r prifardd Idris Reynolds.

O fynediad Gwersyll yr Urdd, Llangrannog ewch ymlaen am bentref Llangrannog ei hun. Ni ellir mynd ymhellach na'r traeth. Mae Carreg Bica yn y môr a thraeth y Cilborth gerllaw.

Ym mynwent eglwys Llangrannog sydd ar ben y rhiw y mae bedd Cranogwen (Sarah Jane Rees). Dysgai hi forwriaeth i fechgyn ifanc y cylch oedd â'u bryd ar fynd yn llongwyr. Roedd hefyd yn arweinydd Undeb Dirwest Merched y De, yn olygydd *Y Frythones* ac yn fardd. Gwraig ryfeddol iawn.

* * *

Ewch ymlaen yn awr i weld rhagor o bentrefi ar yr arfordir. I bentref Penbryn y daeth yr awdures Allen Raine i ymddeol a gwelir ei bedd ym mynwent yr eglwys. Ei henw morwynol oedd Anne Adeliza Evans ac ar ôl priodi Anne Adeliza Pucklicombe. Ysgrifennodd nifer o nofelau rhamantus a chyfieithwyd dwy ohonynt i'r Gymraeg gan Megan Morgan a'u cyhoeddi gan Gymdeithas Lyfrau Ceredigion yn y chwedegau. Mae'n werth ymweld ag eglwys fach hynod Penbryn. Oherwydd cynllun yr eglwys mae dyn yn teimlo ei fod fel petai mewn llong wrth sefyll y tu mewn iddi. Mewn cae cyfagos gwelir carreg Corbalengi sy'n dyddio'n ôl i'r canrifoedd cynnar.

Beth sydd i'w weled yn Nhre-saith
Ym min yr hwyr, ym min yr hwyr?

Cwestiwn Cynan ar ddechrau ei gerdd hyfryd i Dre-saith yw hwn. Yma mae canolfan wyliau y Presbyteriaid –

Traeth y Llongau, Aber-porth c.1890

capel wedi ei gau a drowyd yn ganolfan yng nghanol y pentref glan-môr prydferth hwn.

Yn ôl yr Athro J. Geraint Jenkins roedd Aber-porth yn borthladd prysur iawn yn y bedwaredd ganrif ar bymtheg. I drigolion y sir roedd Regata Cei a Dydd Iau Mawr Aber-porth yn ddyddiau pwysig yng nghalendr yr haf. Ar ddechrau'r rhyfel yn 1939 codwyd gwersyll milwrol yn Aber-porth ac ym Mlaenannerch. Cymerwyd fferm Pennar Isa gan y Llywodraeth ar gyfer sefydlu'r R.A.E.

Yn nyddiau du yr Ail Ryfel Byd cofiwn am wrhydri y Parchedig a Mrs Tegryn Davies yn cadw'r fflam ynghynn yn wyneb bygythiad mawr i Gymreictod yr ardaloedd hyn. Sefydlasant Adran ac Aelwyd yr Urdd yn Aber-porth. Bu'r Aelwyd yn enwog tu hwnt fel enillwyr cyson yn Eisteddfodau Cenedlaethol yr Urdd. Mr Tegryn Davies oedd yn gofalu am yr adrodd a Mrs Davies am y cantorion a'r corau.

Capel y Methodistiaid sydd ym Mlaenannerch, capel a gysylltir ag un o arweinwyr Diwygiad '04-'05 sef y Parchedig M.P. Morgan.

Yn Hendre y mae Dic Jones yn byw – prifardd arall a ysgrifennodd yr awdl orchestol i'r 'Cynhaeaf' a dyledwr i Aelwyd yr Urdd yn Aber-porth. Mae cyfraniad ei dad a'i chwiorydd i fyd y canu yn y fro yn un cyfoethog hefyd.

Mae pentref Ferwig rhwy ddwy filltir o Aberteifi. Nawddsant yr eglwys yw Pedrog, fel yn Llanbedrog yn Llŷn. Fel yn Llanbedrog hefyd mae'r maes a'r môr yn ymdoddi'n ogoneddus yma. I'r cerddwr talog nid oes angen ei atgoffa o lwybr yr arfordir o Aberaeron i Aberteifi ac i dueddau Tyddewi. I'r golffiwr sydd am ddilyn y bêl wen, Gwbert yw'r lle.

Diweddwn y daith hon wrth eglwys fach wyngalchog y Mwnt. Yr eglwys hon, mae'n debyg, yw'r hynaf yng Ngheredigion. Mae'r muriau y tu mewn a'r tu fas wedi eu gwyngalchu ac nid oes yr un hoelen yn agos i'r trawstiau. Mae'r eglwys yma yn herio stormydd enbyd y bae. Mae'r lle hwn yn hyfryd ar ddiwrnod o haf hirfelyn tesog. Diolch am lecynnau fel Cwmtudu a'r Mwnt i encilio ar dro iddynt.

O Gwmpas Tref Llambed

Sgwâr Harford

Sgwâr Harford sy'n cael ei ystyried bellach fel canol tref Llambed ('bŵl', neu 'both' yr olwyn fel petai). Mae Stryd y Bont, y Stryd Fawr a Ffordd y Coleg yn cyfarfod yma.

Perchenogodd John Scandrett Harford o Blaise Castle, sir Gaerloyw blas Ffynnon Bedr oddi wrth Lwydiaid Llanfair wedi iddynt hwy fynd yn fethdalwyr. Erbyn dechrau'r bedwaredd ganrif ar bymtheg roedd y plas yn dadfeilio'n gyflym. Etifeddodd John Battersby y stad ar ôl ei ewythr ac yn hytrach na gwneud gwelliannau i Ffynnon Bedr, adeiladodd blasty newydd Glynhebog yn 1850 (sydd heddiw'n westy). Bu John Battersby farw yn 1875. Roedd yn gymwynaswr i'r dref a'r ardal; adeiladodd dai, neuadd y dref (yn 1880), ffynnon ar sgwâr y dref, adeiladau'r eglwys, y ficerdy a ffermdai'r stad. Ei ewythr John Scandrett Harford roddodd y tir i godi Coleg Dewi Sant, Llambed.

Lawr â ni i Ffordd y Coleg sy'n mynd i gyfeiriad Aberaeron. Mae siopau a llythyrdy ar y chwith ac adeiladau'r coleg ar y dde. Yn y llythyrdy hwn y mae'r postfeistr presennol, sef Timothy Evans, y tenor adnabyddus, yn gweithio.

Ar waelod Ffordd y Coleg trowch i'r dde i Deras yr Orsaf. Yma'r oedd yr hen orsaf. Deuai'r trên o Gaerfyrddin trwy Bencader a Llanybydder i Lambed. Yna fe âi ymlaen i Dregaron ac oddi yno i Aberystwyth. Yn

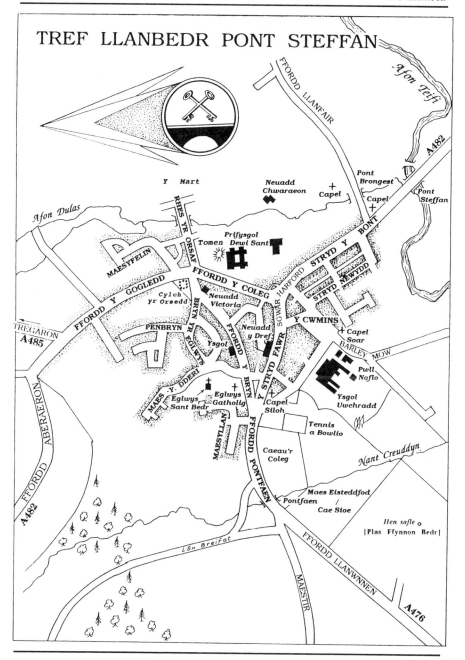

TREF LLANBEDR PONT STEFFAN

ddiweddarach adeiladwyd lein i gysylltu â Llambed. Arferai'r farchnad anifeiliaid gael ei chynnal yng nghanol y dref ers talwm ond symudwyd hi i'w safle presennol yn Nheras yr Orsaf.

Wrth fynd i lawr Ffordd y Coleg, cadwch olwg am dŷ gwyn wrth fynedfa'r coleg. Rhoslwyn yw enw'r tŷ, cartref Idwal Jones, ac i mi, Idwal Jones *yw* Llambed. Ar yr 8fed o Fehefin, 1995, dydd cofio canmlwyddiant geni Idwal Jones, dadorchuddiwyd cofeb i'r gŵr dawnus. Dyma'r hyn sydd ar y gofeb:

Cartref
IDWAL JONES
1895 - 1937
Dramodydd a Digrifwr

Ganed Richard Idwal Mervyn Jones yn nhref Llambed yn 1895. Derbyniodd ei addysg gynnar yn lleol cyn cael ei alw i'r fyddin adeg y Rhyfel Mawr (1914-18). Bu'n gwasanaethu yn Nwyrain Affrica a thra oedd yno, bregus fu ei iechyd. Ar ôl cael ei ryddhau o'r fyddin aeth yn fyfyriwr i Goleg Prifysgol Cymru, Aberystwyth. Cyfnod hapus fu hwnnw i Idwal Jones, yn cynhyrchu dramâu a sioeau cerdd megis 'Yr Eosiaid'. Yn ddiweddarach ffurfiwyd y parti noson lawen Adar Tregaron a oedd yn canu ei waith.

Ar ôl gadael y coleg aeth Idwal Jones yn ysgolfeistr ym Mhontarfynach ac yna'n diwtor dosbarthiadau allanol. Bu'n arloeswr mewn dau faes yng Nghymru: ym myd adloniant ysgafn drwy gyfansoddi ugeiniau o gerddi digri, adroddiadau, sgetsys ac ati, a hefyd ym myd y ddrama. Lluniodd ddwy ddrama sy'n dal i gael eu cynhyrchu: 'Pobol yr Ymylon' ac 'Yr Anfarwol Ifan Harris'. Ar ddechrau 'Pobol yr Ymylon' mae dau drempyn yn y gwellt – Dafydd a Malachi Jones B.A., B.D. – golygfa newydd ac anghyfarwydd i fynychwyr y theatr yn y dauddegau bid siŵr.

Bu farw Idwal Jones yn 1937 yn ddim ond deugain a dwy. Mae llun ohono i'w weld yn lolfa Theatr Felinfach.

Ysgrifennodd un o gyfeillion coleg Idwal Jones, D. Gwenallt Jones, gofiant ardderchog iddo. Yn wir, un o'r cofiannau gorau a sgrifennwyd erioed am Gymro: *Cofiant Idwal Jones, Llanbedr Pont Steffan*. Roedd Gwenallt eisoes wedi cyhoeddi *Storïau a Pharodïau Idwal Jones*.

Yn ymyl Rhoslwyn, cartref Idwal Jones, mae mynedfa i gampws Coleg Prifysgol Dewi Sant. Mae'r hen goleg yn dal yn urddasol yn y canol. Wrth ei ehangu rhaid oedd codi adeiladau newydd; ger afon Dulas mae hostelau, neuadd gyngerdd a drama a ffreutur fawr. Cynhelir cynadleddau a chyrsiau preswyl yn y coleg gan fod cystal cyfleusterau i'w cael yma. Un o'r rhain yw'r cyrsiau Wlpan a gynhelir dros wyliau'r haf. Mae nifer fawr wedi dysgu'r Gymraeg o fynychu'r cyrsiau carlam hyn.

Mae un adeilad ar y campws wedi ei neilltuo i fyd y dechnoleg newydd gyda stiwdio lle gellir cysylltu â phobl o golegau eraill drwy gyfrwng fideo. Mewn rhan arall o'r campws sydd â'i mynedfa gyferbyn â'r llythyrdy yn Ffordd y Coleg ceir llyfrgell ac ystafelloedd darlithio. Mae'r eglwys y tu mewn i'r hen goleg hefyd. Yn ymyl y coleg mae adnoddau chwaraeon megis cyrtiau tennis.

Coleg Prifysgol Dewi Sant Llambed a sefydlwyd yn 1822 yw coleg prifysgol hynaf Cymru. Thomas Burgess oedd yn gyfrifol am ei hadeiladu ac fe'i hagorwyd yn 1827. Ganed Thomas Burgess yn Odiham, Hampshire. Cafodd ei addysg yn ysgol Winchester ac yn Rhydychen. Ym mis Mehefin 1803 fe'i penodwyd yn Esgob Tyddewi. Bu'n freuddwyd ganddo i sefydlu coleg hyfforddi i ddynion oedd am dderbyn urddau eglwysig. Gwireddwyd ei freuddwyd ac adeiladwyd Coleg Dewi Sant yn Llanbedr Pont Steffan. Bu'r Esgob Burgess yn gefnogol iawn i'r bywyd Cymreig drwy noddi eisteddfodau megis Eisteddfod Caerfyrddin 1819. Yn 1825 symudodd i esgobaeth Salisbury.

Ym mis Chwefror 1837 bu farw Thomas Burgess; fe'i coffeir yn enw un o neuaddau Coleg Prifysgol Dewi Sant. Hyd at 1950 roedd y mwyafrif o'r myfyrwyr yn paratoi i fod yn offeiriaid. Cafodd y coleg yr hawl i roi graddau B.D. yn 1852 a B.A. yn 1862. Derbyniwyd merched fel myfyrwyr yn 1965 a chynyddodd nifer y myfyrwyr o 200 i 1,400. Gwahoddwyd y coleg i ymuno â Phrifysgol Cymru yn 1967 ac yn 1971 daeth Coleg Prifysgol Dewi Sant yn sefydliad cyfansoddiadol o'r Brifysgol – yr hynaf a'r ieuaf ar yr un pryd.

Cyfrol hwylus am y coleg yw'r un a gyhoeddwyd yng nghyfres ddwyieithog Gŵyl Ddewi, sef *Yr Esgob Burgess a Choleg Llanbedr.*

Un a fu'n ddarlithydd Cymraeg ac yn ddarllenydd ym Mhrifysgol Dewi Sant yw Islwyn Ffowc Elis – un o brif lenorion Cymru. Brodor o Ddyffryn Ceiriog yw'n wreiddiol ond ar ôl ymddeol penderfynodd aros yn Llambed. Y gyfrol o ysgrifau *Cyn Oeri'r Gwaed* a ddaeth â'i enw i amlygrwydd pan enillodd y Fedal Ryddiaith iddo yn Eisteddfod Genedlaethol Llanrwst, 1951. Ymddangosodd *Cysgod y Cryman* ym mis Rhagfyr 1953 ac fe'i dilynwyd gan wyth nofel arall. Mae hefyd yn ddramodydd ac yn fardd.

Sylwch ar afon Dulas yn dolennu o dan y pontydd heibio i'r coleg ar ei ffordd i afon Teifi. Mae gennych ddewis yn awr: naill ai dilyn y llwybr troed sy'n mynd â chi i ymyl Capel Brondeifi ac sy'n mynd i waelod lle parcio y Pioneer (Co-op) ac i aber afon Dulas (taith fer, fer yw hi, ymlaen ac yn ôl), neu aros i rodianna o gwmpas y coleg.

Yn 1093 codwyd y castell Normanaidd cyntaf yn Llambed. Castell tomen a beili ydoedd a gwelir olion y domen o hyd ar dir y coleg. Cwnstabl y castell oedd Steffan (Steven) ac ef a gododd y bont gyntaf enwog dros afon Teifi. (Enw gwreiddiol y dref oedd Llanbedr Tal-y-bont Steffan.) Dinistriwyd y castell hwn gan Owain, tywysog Gwynedd yn 1137.

O fewn ychydig lathenni i'r hen gastell mae canolfan dechnegol y coleg gyda'r stiwdio fideo ac ati. Mae'r hen a'r newydd yn ymdoddi'n foddhaol yma.

Mae'r hen goleg yn y canol wedi ei gynllunio, mae'n debyg, ar gynllun colegau Caergrawnt ac mae hostelau, ystafelloedd darlithio, ffreutur helaeth a llyfrgell ac ati oddi amgylch.

Ffordd y Gogledd
Dyma'r ffordd sy'n arwain ymlaen o

Ffordd y Coleg i gyfeiriad Aberaeron. Ar yr ochr chwith mae tai crand. Dros y ffordd iddynt mae caeau rygbi a phêl-droed y dref. Yma y codwyd plasty Maesyfelin ar lan afon Dulas gan deulu'r Llwydiaid. Aelodau enwog o'r teulu oedd Gruffydd Lloyd, ail brifathro Coleg Iesu Rhydychen; Syr Marmaduke Lloyd, cyfreithiwr enwog a Phrif Farnwr Cylchdaith Aberhonddu, a Syr Francis Lloyd A.S., cefnogwr brwd y frenhiniaeth yn y Rhyfel Cartref yn erbyn Cromwell.

Mae chwedl 'Aeres Maesyfelin' a llofruddiaeth Samuel, mab y Ficer Rhys Prichard yn cysylltu'r ddwy sir gyfagos, Ceredigion a Chaerfyrddin, ond mae'n debyg nad oes unrhyw sail iddi. Yn ogystal â'r chwedl mae'r pennill hwn yn aros:

Melltith Duw fo ar Faesyfelin
Ar bob carreg a phob gwreiddyn,
Am daflu Blodau Tre' Llanddyfri
Ar ei ben i Dywi i foddi.

Pan glywodd y Parchedig Rhys Prichard (Ficer Llanymddyfri) am farw ei fab, dywedir iddo gyhoeddi melltith ar blas Maesyfelin drwy gyfrwng y pennill uchod. Mae tinc cyfarwydd penillion yr Hen Ficer sydd yn y casgliad *Cannwyll y Cymry* i'w glywed yn y pennill hwn. Yn sicr, mae plasty Maesyfelin a'i rwysg wedi hen ddarfod, ond wn i ddim am y felltith ychwaith.

Ymhellach ymlaen ar Ffordd y Gogledd mae ffordd yn troi i'r dde am y melinau llifio coed. Yn nes ymlaen mae ffordd arall yn troi i'r dde am Dregaron ble gwelir mynedfa i'r stad ddiwydiannol. Yma bellach mae pencadlys y cylchgrawn materion cyfoes wythnosol *Golwg*. Sefydlwyd *Golwg* yn nhref Llambed a hynny mewn adeilad yn Stryd y Bont. Bu'r newyddiadurwr a'r darlledwr Dylan Iorwerth yn gysylltiedig â'r cyhoeddiad o'r cychwyn cyntaf ac ef yn awr yw golygydd-gyfarwyddwr *Golwg*.

Merch o Lambed yw Gillian Elisa Thomas, yr actores a'r gyflwynwraig ddawnus a hwyliog. Derbyniodd ei haddysg yn Ysgol Gynradd Ffynnon Bedr ac yn Ysgol Gyfun Llanbedr Pont Steffan cyn mynd i astudio drama yng Ngholeg Cerdd a Drama, Caerdydd. Yn Eisteddfod Genedlaethol Caerfyrddin 1974 cafodd ei chyfle cyntaf i berfformio fel actores broffesiynol a hynny yng nghynhyrchiad T. James Jones o 'Dewin y Daran'. Bu'n actio a theithio gyda chwmnïau megis Cwmni Theatr Cymru a Chwmni Theatr Crwban hefyd. Ymunodd â chriw 'Pobol y Cwm' yn syth o'r coleg ac roedd yn adnabyddus ledled Cymru bryd hynny fel y cymeriad Sabrina. Un o brif ddiddordebau Gillian yw canu a rhai blynyddoedd yn ôl cymerodd ran Branwen yn yr opera roc 'Melltith ar y Nyth'. Bu'n canu llais cefndir ar record ddiweddaraf un arall o blant y fro, Derec Brown, ac fe recordiodd gryno ddisg o'i chaneuon ei hun yn ddiweddar hefyd. Ychydig flynyddoedd yn ôl fe'i gwelsom yn actio yn y ddrama gyfres 'Bowen a'i Bartner', gyda Ronnie Barker yn y rhaglen *'The Magnificent Evans'* ac yn fwy diweddar yn y gyfres 'Yr Heliwr' ar S4C. Bu Gillian yn ceisio rhoi gwardd ar Ifan Tregaron yn ei raglenni 'Ma' Ifan 'Ma' hefyd ac yn ddiweddar fe'i gwelwyd fel gwesteiwraig ar 'Siôn a Siân'.

Islwyn Ffowc Elis   *Eirian a Meinir Jones*

Prifysgol Cymru Llanbedr Pont Steffan

Ffordd y Bryn

Gyferbyn â Theras yr Orsaf mae stryd unffordd i draffig o'r enw Ffordd y Bryn – er mai cyfeirio ati fel Bryn Road a wneir fynychaf. Ar waelod y stryd mae Cylch Gorsedd Prifwyl Llambed 1984. Gerllaw mae cofgolofn i fechgyn a merched y dref a aeth i'r ddau Ryfel Byd. Bron gyferbyn ar y chwith mae Neuadd Victoria.

Yn y stryd hon y mae Miss Mary James (ysgrifenyddes Eisteddfod Genedlaethol yr Urdd, Llambed 1959) yn byw. Mae hi hefyd yn un o Lywyddion Anrhydeddus Eisteddfod Genedlaethol yr Urdd, Llambed 1999 ac yn llwyr haeddu hynny. Gweithiodd yn egnïol gydag Adran yr Urdd, Llambed a bu am gyfnod hir yn ysgrifennydd sir Ceredigion i'r Urdd.

Un arall sy'n byw yn y stryd yw'r Parchedig Dafydd Marcs – bardd ac athro Cymraeg yng Ngholeg Prifysgol Dewi Sant. Gwelir cerddi o'i eiddo yn y gyfrol *Awen Aberystwyth*.

Yn uwch i fyny'r stryd mae Ysgol Gynradd Ffynnon Bedr ar yr ochr dde.

Wedi cyrraedd pen y stryd, trowch i'r dde a mynd lan Ffordd yr Eglwys. Yma gwelir dwy eglwys yn ymyl ei gilydd. Mae Eglwys Sant Pedr (yr Eglwys yng Nghymru) ar ben y bryn. Go brin y gallwn ddyddio'r eglwys hon a gysegrwyd i'r Apostol Pedr ymhellach yn ôl na'r ddeuddegfed ganrif. Roedd yr hen eglwys ganoloesol wedi dadfeilio'n ddiogel erbyn blynyddoedd cynnar y bedwaredd ganrif ar bymtheg ac yn 1820 penderfynwyd ei dymchwel a chodi eglwys newydd yn ei lle. Adeilad digon anarbennig ac anfoddhaol oedd hwnnw yn ôl y sôn ac felly, ymhen

rhyw bum mlynedd a deugain, tynnwyd hwnnw i lawr hefyd er mwyn adeiladu'r eglwys hardd a welir yma heddiw. Brodor o Dregaron yw'r Parchedig Timothy Morgan, ficer presennol Eglwys Sant Pedr. Adeilad uchel yn yr arddull neo-Gothig yw'r eglwys bresennol gyda thoeau serth, twr a meindwr sy'n cyrraedd can troedfedd o uchder. Y Tra Pharchedig Llewelyn Lewellin D.C.L. oedd ficer y plwyf pan godwyd hi, gwr a oedd hefyd yn brifathro Coleg Dewi Sant ac yn Ddeon Tyddewi. Ef a theulu Harford, Falcondale fu'n bennaf cyfrifol am gynllun ac ansawdd yr eglwys newydd.

Bwriadwyd i'r eglwys ddal tua phedwar cant o addolwyr a chostiodd dair mil o bunnoedd i'w chodi. Cafodd ei hagor a'i chysegru ar y 9fed o Fehefin, 1870 gan Esgob Llandaf, y Dr Alfred Ollivant yn absenoldeb y Dr Connop Thirwall, Esgob Tyddewi. Mae'n adeilad eang, golau ac ysgafn gyda nifer o ffenestri lliw diweddar. Mae'r ffenestr orllewinol sy'n darlunio galwad y ddau frawd o bysgotwyr, Pedr ac Andreas, yn enghraifft drawiadol o gelfyddyd fodern.

Ni osodwyd yr hen fedyddfaen yn yr eglwys newydd sbon; bellach fe'i gwelir yn eglwys fach Maestir gerllaw. Mae'r bedyddfaen hwnnw, gyda cherfiadau o arwyddluniau'r pedwar Efengylydd – angel, llew, ych ac eryr, yn grair gwerthfawr ac yn ôl un hanesydd yn un o'r olion mwyaf diddorol o gelfyddyd gynnar sydd yng Nghymru.

Ychydig yn is i lawr y mae Eglwys Gatholig *Our Lady of Mount Carmel* sy'n adeilad llawer mwy modern o'i gymharu â'r llall. Adeiladwyd yr eglwys hon yn 1940 ac er ei bod yn ddechrau'r Ail Ryfel Byd, caniatawyd i'r adeiladwyr gwblhau'r gwaith yn wyneb prinder adnoddau o bob math. Cynlluniwyd yr adeilad ar batrwm un o dai allan plasty Garthewin yng ngogledd Cymru. Fel y gwelir yn enw'r eglwys, roedd yn perthyn i Urdd y Carmeliaid ar y dechrau a'r urdd honno oedd ei noddwyr. Roedd Llanbedr Pont Steffan ar y pryd yn rhan o blwyf Aberystwyth a chysegrwyd yr eglwys gan yr Esgob McGrath.

Y Stryd Fawr

Mae'n anodd meddwl am Lambed yn y ddeunawfed ganrif gyda'i hun lôn garegog a garw a bythynnod gwyngalchog wedi eu codi yma a thraw. Nid oedd system garthffosiaeth, dim ond tlodi affwysol. Ond fel canolfan i'r porthmyn a'r gofied roedd arwyddion fod amser gwell i ddod. Heddiw mae'r lôn yn Stryd Fawr lewyrchus gydag amryw o swyddfeydd a siopau llwyddiannus.

O Sgwâr Harford mae'r Stryd Fawr yn arwain ymlaen i Ffordd Pontfaen ac yna i Ffordd Llanwnnen am Gastellnewydd Emlyn. Y prif adeilad yn y Stryd Fawr yw Neuadd y Dref gyda'i dŵr cloc ar ei ben. Gwaetha'r modd, cysylltir Neuadd y Dref â gweinyddu cyfraith ddidostur. Roedd y cyffion a'r postyn chwipio i'w gweld o flaen y neuadd.

Merch o'r dref, Bethan Phillips, sy'n rhoi hanes dwy ferch â'r cyfenw Morgan – Ann o Lambed a Sara Abel o Lanwnnen – mewn pennod dan y teitl 'Cipolwg ar Hanes Llanbedr Pont

Steffan' yn y gyfrol *Llanbedr Pont Steffan.*

Gwnaeth Syr Herbert (Lloyd) ddefnydd llawn o'r rhain (y *stocks* a'r postyn chwipio) a phan ddygwyd Ann Morgan ger ei fron ar gyhuddiad o fod yn *idle and disorderly* ni chafodd fawr o drugaredd. Ei ddedfryd oedd *that she be stripped from the waist upwards and whipped in the open market from the hours of ten in the morning and three in the afternoon . . . until her body be bloody.*

Creulondeb o fath arall sydd yn ail hanesyn Bethan Phillips. Teledwyd yr hanes hwn ar S4C yn y gyfres 'Almanac' a'i gyhoeddi mewn llyfr yn dwyn yr un enw gan Hughes a'i Fab. Stori drist ydyw am ferch ifanc o'r enw Sara Abel Morgan yn ymlusgo'n drafferthus dros y bont o blwyf Llanwnnen i blwyf Llambed. Roedd yn cario baban yn ei chôl ac yn chwilio am loches yn y dref:

Gan fod ei gŵr yn frodor o Lanwnnen, nid oedd unrhyw gyfrifoldeb ar blwyfolion Llambed i'w chynnal, a phur anfodlon oeddent i dderbyn beichiau plwyf cyfagos.

Ond ar 21 Ebrill, 1790 daeth einioes fer a chythryblus Sara Abel Morgan i ben. Nid oedd mwyach yn dreth ar bocedi'r plwyfolion, a gadawodd ei mab, William, i wynebu byd creulon ac annheg. Ceir cyfeiriad moel at ei chladdedigaeth yng nghofrestr yr eglwys: *'Buried Sarah, wife of Stephen Abel Morgan, Pauper.'* O ddarllen yr

hanes hwn daw cwpled Dewi Wyn o
Eifion i'r cof:

Edrych yn y drych hwn dro,
Gyrr galon graig i wylo.

Roedd wyrcws yn Llambed. Yma
hefyd y cynhelid y *Court Leet* ac yn
ddiweddarach y Brawdlys a Llys y
Goron. Bu Llanbedr Pont Steffan yn
anlwcus i'r eithaf o gael teyrn
diegwyddor i ddedfrydu yn y llysoedd
barn – Syr Herbert Lloyd, plas Ffynnon
Bedr. Cythraul mewn croen os bu un
erioed. Heddiw, cartref henoed Hafan
Deg a chanolfan gwasanaethau
cymdeithasol sydd lle bu'r wyrcws. Fe
welir yr adeilad ar y dde ar ôl troi i'r
chwith wedi pasio Capel Siloh ar y
Stryd Fawr.

Gorffennwn y daith hon ger
adfeilion ei blas.

Yn y Stryd Fawr mae tri gwesty: y
Castell a'r Llew Du ar un ochr, a'r
Dderwen Frenhinol ar yr ochr arall.
Mae'r cyrtiau cerrig crynion o gwmpas
y Llew Du a'r Dderwen yn atgoffa dyn
o ramant y goets fawr. Mae'n siŵr fod
sŵn carnau'r ceffylau ac olwynion y
goets fawr dros y cerrig wedi torri ar
undonedd bywyd pobl Llambed ers
talwm.

Ar bwys gorsaf yr heddlu ym mhen
y Stryd Fawr mae capel y
Presbyteriaid. Ar achlysur dathlu
canmlwyddiant Capel Siloh (1874-
1974) cyhoeddwyd llyfr bychan,
diddorol, gan y pwyllgor dathlu sy'n
fraslun o hanes yr achos a'r eglwys.

Ffordd Pontfaen

Mae Stryd Fawr Llambed yn arwain
ymlaen i Ffordd Pontfaen a Ffordd
Llanwnnen. Wedi mynd heibio garej

bysys a gerllaw pont Pontfaen mae
Fferm Pontfaen. Ar dir gerllaw'r fferm
mae llwybr cyhoeddus sy'n braf iawn
i'w gerdded. Ewch dros y sticil sydd
dros y ffordd i'r fferm a dilyn nant
Creuddyn ymlaen i'r lle yr una ag afon
Teifi. Gellir dychwelyd yn ôl yr un
ffordd neu groesi'r bompren a mynd
ymlaen i'r dref.

Ar gae Pontfaen y cynhaliwyd
Eisteddfod Genedlaethol Llanbedr
Pont Steffan yn 1984 yn ogystal â
Phrifwyl yr Urdd 1999.

O Bontfaen ewch ymlaen ar Ffordd
Llanwnnen a bron gyferbyn â mynedfa
mynwent newydd Llambed mae heol
ar y chwith yn mynd i lawr trwy
goedlan. Ewch i lawr i waelod y
goedlan ac fe welwch glwstwr o goed
yn y cae ar y chwith. Yno y mae
adfeilion hen blas Ffynnon Bedr.
Mae'n syndod fod y muriau sydd wedi
herio llawer storom yn dal ar eu traed.

Dyma dri englyn gan David Davis,
Castellhywel i'r plas lle darfu pob
rhodres a rhwysg:

'Does gofio heno hanes – y
Ffynnon
Na'i ffyniant na'i mawr lles;
Bu frwd haf, bu hyfryd des,
Mawrhydi yma a rhodres.

I'r llwch aeth pan daeth ei dydd, –
a darfu
Ei dirfawr lawenydd;
Y ddylluan fudan fydd
Yn gori'n ei magwyrydd.

Troir ei chain lydain aelwydau – 'n
erddi
A gwyrddion weirgloddiau;
A mynych yr ych o'r iau
Bawr lawr ei gwych barlyrau.

Y Rookery a'r Cwmins

Ar ôl dod o Sgwâr Harford i ben y Stryd Fawr a heibio Capel Siloh ar y chwith mae Teras Ffynnon Bedr. Wrth fynd i lawr y stryd hon mae darpariaethau'r maes chwarae i'w gweld yma ar yr ochr dde. Gwelir maes parcio helaeth y Rookery ar yr ochr dde hefyd. Yma y daw pobl i gwrdd â bwsiau wrth fynd am dripiau. Yma hefyd y mae cae criced, lawntiau bowlio, cyrtiau tennis, clwb chwaraeon, canolfan hamdden a phwll nofio. Mae Ysgol Uwchradd Llambed yng nghanol y campws hwn ac mae disgyblion yr ysgol ynghyd â'r cyhoedd yn cael defnyddio'r cyfleusterau a gynigir.

A dyma ddod at Ysgol Uwchradd Llambed a agorwyd yn 1949. Bu ysgolion uwchradd Ceredigion sef Aberystwyth, Tregaron, Aberaeron, Aberteifi a Llandysul yn dathlu canmlwyddiant eu sefydlu yn ddiweddar. Sefydlwyd yr ysgolion hyn yn nawdegau'r bedwaredd ganrif ar bymtheg yn dilyn Deddf Addysg Ganolraddol Cymru 1889. Roedd Ysgol y Coleg yn Llambed eisoes. Dyna paham mai yn 1949 yr agorwyd Ysgol Uwchradd Llambed wedi i Ysgol y Coleg gau. 'A Fo Ben Bid Bont' yw arwyddair yr ysgol hon. Mr T. Gareth Jones yw'r prifathro presennol. Enwau afonydd lleol sydd i'r tri 'thŷ' yn yr ysgol, sef Dulas, Creuddyn a Teifi.

Cyhoeddwyd *Llyfryn Tref Llanbedr Pont Steffan* gan yr ysgol sy'n llawn gwybodaeth am chwaraeon a hamdden a chymdeithasau yn Llambed. Dyma ddigwyddiadau blynyddol Llambed a nodir yn y gyfrol: sioe feirch yn Ebrill ar gae sioe Teras Ffynnon Bedr; sioe amaethyddol yn Awst ar y cae sioe eto; ymryson cŵn defaid ar ddydd Mercher cyntaf Awst ar gae Pontfaen; eisteddfod flynyddol Llambed ar ŵyl banc Awst yn neuadd yr ysgol uwchradd.

Mae gorsaf dân Llambed ar waelod y ffordd.

Dyma ni yn awr ar ymyl y Cwmin – lle parcio pan nad oes marchnad yno. Mae Capel Soar (A) ar y gornel. Gyferbyn â ffenest bellaf y capel mae bedd Idwal Jones. Yn y fynwent gerllaw'r capel mae bedd T. Eirug Davies a fu'n weinidog o 1927-51. Brodor o Wernogle yng ngogledd sir Gaerfyrddin ydoedd. Bu'n olygydd *Y Dysgedydd* a chyhoeddodd ei atgofion yn *Yr Hen Gwm*. Ef yw awdur *Trem ar Ganmlwydd Eglwys Soar, Llanbedr 1831-1931* ar y cyd â Timothy Richards. Enillodd ddwy goron genedlaethol: Aberafan, 1932 a Chastell-nedd, 1934. Yn 1966 cyhoeddwyd *Cerddi Eirug* wedi eu golygu gan Alun y mab ac ar ddechrau'r casgliad ceir y bennod 'Trem ar ei Yrfa' gan gyfaill iddo, sef y Parchedig S.B. Jones, Peniel, Caerfyrddin. Ceir teyrnged iddo gan y Parchedig Gerallt Jones yn *Y Bywgraffiadur Cymreig 1951-1970* hefyd.

Bu farw mab T. Eirug Davies, y Parchedig Athro Dewi Eirug Davies yn 1997. Bu ef yn weinidog ac yn athro a phrifathro Coleg Coffa yr Annibynwyr. Roedd yn ddiwinydd praff, yn awdur ac yn heddychwr.

Dilynwyd T. Eirug Davies fel gweinidog Capel Soar gan y

Parchedig T. Burgess Jones a oedd yn is-gadeirydd Pwyllgor Gwaith Steddfod yr Urdd Llambed 1959. O Gapel Soar y codwyd y Parchedig Tom Evans a oedd gynt yn drefnydd Cymorth Cristnogol ac sy'n awr yn ddarlithydd yng Ngholeg y Drindod, Caerfyrddin.

Rhwng Capel Soar a'r orsaf dân mae Teras Greenfield ac yma lleolir Asiantaeth Amgylchedd Glan Teifi, pencadlys rhanbarthol Telecom Prydeinig a phencadlys Dŵr Cymru.

Mae nifer o strydoedd bychain yn amgylchynu'r Cwmin a sawl un ag enw Saesneg. Mewn tŷ o'r enw Green Cottage yn Barley Mow y ganed John R. Evans (dramodydd a storïwr).

Un arall a faged yn un o'r strydoedd hyn oedd Miss Eiddwen James. Fe'i ganed yn ymyl y Cwmins yn Llambed. Collodd ei thad ac yntau'n ŵr cymharol ifanc ac fe soniai'n aml am aberth ei mam wrth ofalu ei bod hi yn cael yr addysg orau. Addysgwyd Eiddwen yn Ysgol Ffynnon Bedr, Ysgol Sir Aberaeron ac yng Ngholeg Hyfforddi Abertawe. Bu'n brifathrawes yn Ysgol Gynradd Brynherbert, Ceredigion cyn symud i Ysgol Gynradd Llanfair Clydogau lle bu'n dysgu am gyfnod hir. Roedd yn byw yn nhŷ'r ysgol yno tan iddi ymddeol a symud i Lambed i fyw. Roedd Capel Soar yn agos iawn at ei chalon ac fe'i dewiswyd yn ddiacones yno. Roedd hefyd yn gysylltiedig â'r cwmni drama yn Soar gyda'r Parchedig T. Eirug Davies, Idwal Jones ac eraill. Cyhoeddodd ddwsin o lyfrau ar gyfer plant bach a oedd yn llawn odlau, chwaraeon, dramodigau, rhigymau, adroddiadau, caneuon ac ati. Roedd defnyddiau ar gyfer cyngherddau ysgol yn y cyfrolau hefyd. Yn y maes hwn gwnaeth Eiddwen James gymwynas fawr i ddiwallu'r angen am lyfrau Cymraeg i blant.

Wrth gornel uchaf y Cwmin saif Capel Methodistaidd (Capel Wesle) Sant Thomas. Arferai fod yn gapel Cymraeg ond ceir gwasanaethau Saesneg yma bellach.

Yn y cyffiniau mae Lôn Picton, Ffordd y Porthmyn a Stryd Newydd. Yma'r oedd Mr Maldwyn Hughes yn byw yn ogystal â'r Athro D. Simon Evans a fu'n bennaeth Adran y Gymraeg, Coleg Prifysgol Dewi Sant. Yn Rhosawel, Stryd Newydd yr oedd barbwr Llambed yn byw, sef Jac Oliver, awdur mwy nag un gyfrol o gerddi. Roedd ei siop yn Ffordd y Porthmyn.

I'r Stryd Newydd yn Llambed y daeth Glyn Ifans i fyw. Golygodd *Can Mlynedd o Addysg Uwchradd yn Nhregaron (1897-1997)* – ysgol lle bu'n brifathro arni. Bu farw Glyn ym mis Hydref 1998. Mae Dafydd Evans (mab y diweddar D. Simon Evans) yn byw yn y stryd hon hefyd, yntau'n ysgolhaig fel ei dad. Yma hefyd y triga'r Parchedig D.J. Goronwy Evans (gweinidog a chadeirydd Pwyllgor Gwaith Eisteddfod Genedlaethol yr Urdd Llanbedr Pont Steffan, 1999).

Mae un stryd ar ôl sef Stryd y Bont. Ewch mor bell â'r archfarchnad a throi i'r chwith am Ffordd Llanfair lle mae man parcio cyfleus gyferbyn â Chapel Undodaidd Brondeifi. Mae hanes Brondeifi yn gryno yn *Y Smotiau Duon*: 'Eglwys Brondeifi ydyw merch Cae'ronnen ac fe'i sefydlwyd o dan weinidogaeth Rees Cribyn Jones'. Ailadeiladwyd y capel yn 1904 gan roi blas Gothig i'w bensaernïaeth. Y mae iddo dŵr bychan fel yr un sydd yn Bwlchyfadfa (Talgarreg) ac yn y Graig, Llandysul. Ysgrifennwyd *Hanes Eglwys Undodaidd Brondeifi 1874-1974* gan y gweinidog presennol D.J. Goronwy Evans ar achlysur dathlu canmlwyddiant yr achos. Ef hefyd a ysgrifennodd bortread o'i ragflaenydd ym Mrondeifi, sef T. Oswald Williams yn *Deri o'n Daear Ni.*

Dair blynedd ar hugain yn ddiweddarach roedd Noddfa, eglwys y Bedyddwyr yn Llambed, yn dathlu canmlwyddiant. Cyhoeddwyd llyfr *Canmlwyddiant Noddfa'r Bedyddwyr Llanbedr Pont Steffan 1897-1997* a olygwyd gan y Prifardd W.J. Gruffydd.

Stryd y Bont

Mae Stryd y Bont yn un eithaf prysur gan fod trafnidiaeth o Lanymddyfri i Aberaeron yn teithio arni. Wrth ddod o gyfeiriad Llanymddyfri mae archfarchnad ar y dde. Yna ar gornel Ffordd Llanfair mae Capel Noddfa. Ar y chwith gwelir canolfannau busnes. Yn nes ymlaen ar y chwith mae Canolfan y Mudiad Efengylaidd; mae'r aelodau'n cwrdd i addoli yn Neuadd Fictoria ar waelod Ffordd y Bryn.

Mae llawer o dai mawr yn rhan isaf Stryd y Bont. Yn un ohonynt y maged un o ferched y grŵp Cwlwm, sef Delyth Medi sy'n unawdydd ac yn athrawes gerdd yng Nghaerdydd. Un arall o'r grŵp sy'n byw yn Llambed yw Hedydd Hughes (Thomas yn awr) sydd ar staff yr ysgol uwchradd leol. Yno'n gweithio hefyd mae ei chwaer Delor (James) sy'n byw ym

Mlaenannerch. Maged hwy ar fferm Olwen ar gyrion y dref. Cyfnither i'r ddwy yw Rosalind (Lloyd gynt) a faged yn Stryd y Coleg. Arferai Rosalind fod yn aelod o'r grŵp Perlau yn Llambed, yn unawdydd ac yna gyda'i gŵr yn ddeuawd boblogaidd, Rosalind a Myrddin. Roedd eu mamau, sef Wynne Hughes a Muriel Lloyd, hefyd yn adnabyddus ar lwyfannau fel unawdwyr ac yn canu deuawdau mewn eisteddfodau a chyngherddau.

Cystadleuydd arall o Lambed oedd y tenor David Marsden.

Mae cantorion ac adroddwyr newydd yn dal i ymddangos o gylch y fro.

Yn Stryd y Bont y mae Delfryn Jones yn byw, un sy'n amlwg gyda gweithgareddau Cymraeg y dref.

Ym mhen uchaf y stryd mae swyddfeydd, tai bwyta a siopau ac wedi cerdded heibio i'r rhain byddwch yn ôl wrth y ffynnon yn Sgwâr Harford.

Miri Hen Ffeiriau

Llambed sy'n cael ei beio'n aml am ddiflaniad rhai o ffeiriau gwledig y fro. Y rheswm syml am hyn yw dyfodiad y trên i Lambed.

I'r hen ffeiriau deuai'r porthmyn, gwerthwyr stondinau amrywiol, baledwyr a gwerthwyr almanaciau. Daeth y ffeiriau'n ganolfannau cyflogi gweision a morynion hefyd ond gydag amser troesant yn ffeiriau pleser.

Fel mannau prynu a gwerthu gorfu i'r ffair ildio ei lle i'r mart; dyna a ddigwyddodd i'r ffeiriau canlynol:

Ffair Sant Silin, Cribyn

Cynhelid y ffair hon ar y 7fed o Chwefror (dydd Gŵyl Sant Silin) mewn cae ar Fferm Penlancapel o'r enw Cae Ffair. Mae'n ddiddorol sylwi ar y dyddiad hwn; cynhelid y ffair yng nghyfnod yr hirlwm ac os byddai'r ogor yn brin, roedd hwn yn gyfle i'r ffermwyr werthu rhai o'u hanifeiliaid.

Dyma hen rigwm am y ffair:

Mae Ifan Lloyd y Cribyn yn hoff o
ffair Sant Silyn,
Mae ffair Llanwnnen lawer gwell
ond bod hi'n 'mhell i'r asyn.

Ffair Llanwnnen

Cynhelid ffair yn Llanwnnen ym mis Rhagfyr a gwerthid ynddi foch tewion. Roedd gwyddau yn cael eu prynu yno hefyd gan borthmyn o sir Forgannwg. Byddent yn cerdded y moch a'r gwyddau yr holl ffordd yn ôl i'r de. Pedolid y gwyddau drwy eu gyrru drwy dar cynnes, yna drwy swnd bras er mwyn i'r swnd gydio yn y tar ar eu traed.

Ffair Wenog

Dyddiad Ffair Wenog oedd Ionawr y 14eg ond diflannodd cyn diwedd y bedwaredd ganrif ar bymtheg. Mae D.R. a Z.S. Cledlyn Davies yn croniclo hanes y ffair hon yn y gyfrol *Hanes Plwyf Llanwenog*:

Da tewion, teirw, a moch oedd yng Nghae'r Ffair, oddi amgylch Tynporth; ac ar y ffordd dyrpeg, gerllaw Tyngrug, y gwerthid y ceffylau. Cofir eto am enwau prif borthmyn y da, sef *Wild and Walker*; ac am *Jeffreys*, prif brynwr y moch!

Prif ŵyl y plwyf oedd Ffair Wenog; mynnid trwydded i werthu diod ym mhob tŷ ymron ym mhentref Drefach, ac fe gyfrifid dyn yn gybydd, oni alwai, wrth fynd adref, am 'shwgaid' o ddiod, ym mhob un ohonynt. Fe ddeuid â chwrw iddi i'w werthu hefyd mewn tiltiau, ac atgofir eto mai sein tilt Shôn Parri ydoedd 'tywarchen'. Cyn i'r trên ddod i Lanybydder, tuag 1867, fe bedolid y da yn y Cae Ffair, gan ofïaid cyfarwydd, cyn eu cerdded i Loegr. Heddiw, dygir yr anifeiliaid tewion i'r mart mewn lorïau pwrpasol at hynny.

Ffair Santesau, Llanybydder

Y ffair gynharaf yng nghalendr y ffeiriau a'r bwysicaf efallai yn y broydd hyn oedd Ffair Santesau, Llanybydder.

Ffair Santesau desog,
Ffair Fartin gaglog.

Mae enwau'r ffeiriau yn awgrymu iddynt gael eu cynnal pan oedd

Cymru'n wlad Babyddol. Clywais hefyd am Ffair Ganhwyllau.

Yn ei chyfrol o atgofion, *Hafau Fy Mhlentyndod*, mae Kate Davies, Prengwyn yn rhoi hanes ei hymweliad â Ffair Santesau. Ar ôl rhyw wyth milltir o gerdded cyson a chaled,

clywem sŵn y ffair ymhell cyn dod i olwg Llanybydder. Roedd yr injan stêm wedi dod erbyn hyn i droi'r ceffylau bach ac i chwythu'r chwibanogl ar ddiwedd bob reid. Credaf mai'r un injan a ddefnyddiwyd i wneud i'r organ ganu ei fiwsig cyfareddol i roi mwy o hwyl ar bethau. Fel y tynnem at sŵn y ffair cariai'r awel sŵn y miwisig i'n clustiau a gwnâi hynny inni gamu'n amlach o lawer, a chyn toc o dro byddem wedi cyrraedd Llanybydder. Ar y sgwâr byddai rhestri o stondinau yn gwerthu pob math o bethau – rhywbeth i siwtio pob un. Byddai'r tshipjacs ar eu huchelfannau yn gweiddi a chadw sŵn i dynnu sylw ac i ddenu cwsmeriaid. Tyrrai'r cwacs yno â'u pelenni â'u moddionach i wella pob dolur ac i esmwytho pob clwyf. Yn uwch na hwynt oll deuai Ianto Sgadan yn gweiddi:

Sgadan ffres heddi
O fôr hallt Ceinewy'.

Nid adnabûm Sophia'r jingirbred ac ni wn a oedd hi â stondin yn un o'r ffeiriau hynny y bûm i ynddynt, ond cofiaf fod y ffasiwn o gario'r ffeirins mewn macyn mawr wedi mynd o'r tir. Ond yr oedd digon o bethau yn y ffair i ddenu'n ceiniogau prin.

Ffair Dalis

Rhaid mynd ychydig y tu allan i'n cylch, i bentref bychan Dihewyd, lle cynhelid Ffair Dalis Fawr cyn ei symud i Lambed. Mae'r enw Banc-y-ffair yn dal yn fyw yn y pentref. Cae ydyw ger Eglwys Sant Vitalus a hen dafarn y *Red Lion*. Cynhelid sioe feirch ar ôl ffair mis Ebrill cyn iddynt dramwyo'r ardaloedd yn ystod y tri mis canlynol.

Wedi i'r trên redeg o Gaerfyrddin i Aberystwyth symudwyd y ffeiriau ceffylau o Ddihewyd i Lambed. Ar ôl dyfodiad y trên daeth Llambed yn ganolfan fasnach o bwys.

Cyn i'r ffair hon dyfu yn rhy fawr fe'i cynhelid ar y comin yn Nihewyd. Yno unwaith yr oedd Llyn-Mynwent-Tomoscafn lle gallai'r ceffylau a'r gwartheg dorri eu syched. Cwynai'r ffermwyr yn arw ar ôl colli'r ffair.

Pan oedd y ffair yn ei bri fe gynorthwyid y porthmyn gan fechgyn ffermydd, rhai oedd wedi cael mwy o ysgol na'r cyffredin. Hwy fyddai'n cyfieithu rhwng y porthmyn a'r ffermwyr wrth brynu'r ceffylau. Fe dalai'r porthmyn rhwng deg a phymtheg swllt y dydd iddynt am eu gwaith – arian go lew yn y dyddiau hynny.

Gwerthwyd llawer o geffylau am brisiau da cyn ac yn ystod y Rhyfel Mawr. Y blynyddoedd hynny oedd penllanw Ffair Dalis. Anfonwyd nifer o geffylau i dynnu'r gynnau mawr yn Ffrainc a Gwlad Belg.

Fel Ffair Dalis mae ffeiriau'r pentrefi bach yng nghylch Llambed wedi diflannu o un i un. Nid oes ond Ffair Santesau Llanybydder a Ffair

Llambed ar ôl bellach a ffeiriau pleser ydynt hwythau bellach.

Diwylliant Gwerin

Rhywbeth i'w hadrodd ar lafar oedd y stori werin yn ei hanfod a'r cyfarwydd oedd y storïwr a âi o lys i lys i chwedleua. Addas ym mhlwyf Llambed yw dyfynnu o bedwaredd gainc y Mabinogi lle dywedir bod Gwydion yn diddanu llys Pryderi yn Rhuddlan Teifi:

> Yntau, Gwydion, oedd y chwedleuwr gorau yn y byd. A'r noson honno diddanodd y llys ag ymddiddanion dymunol a chwedlau hyd onid oedd yn hoff gan bawb o'r llys ac yn ddifyr gan Bryderi ymddiddan ag ef.

Mae Rhuddlan Teifi ar gyrion Llanybydder ac o fewn ychydig filltiroedd i Lambed.

Yn 1944 cyhoeddwyd *Chwedlau Cefn Gwlad* gan y Prifardd Thomas Jacob Thomas (Sarnicol), yn wreiddiol o Gapel Cynon, Ceredigion. Yn ei ragair i'r casgliad ardderchog hwn mae Sarnicol yn cydnabod ei ddiolch yntau i Mrs Myra Evans, Abertawe 'am ganiatâd i mi fenthyca o'i *Chwedlau Newydd*'. Cyhoeddwyd *Casgliad o Chwedlau Newydd*, Myra Evans yn 1926. Cyfrol arall o waith Myra Evans yw *Atgofion Ceinewydd* (Cymdeithas Lyfrau Ceredigion). Dylwn hefyd grybwyll i Sarnicol gyhoeddi *Storïau ar Gân* yn 1939. Mae nifer o'r storïau hyn wedi'u selio ar storïau gwerin.

Cyhoeddodd Cymdeithas Lyfrau Ceredigion y gyfrol *Crochan Ceredigion* gan Llinos M. Davies. Seiliwyd y gyfrol ar ei doethuriaeth ym maes llên gwerin Ceredigion. Llyfr anhepgorol i unrhyw un sy'n ymddiddori yn y maes.

Cyfyngwn yr ychydig sylwadau ar rai o'r storïau sydd yn nalgylch Llambed. Dyma dair o'r *Storïau ar Gân* gan Sarnicol. Mae'r pennill hwn yn cyfleu cyffro stori Gwiber Emlyn:

Sŵn sio, a chwythu, a gwich, a
gwawch,
A mwg melynwyrdd, ac echrys
dawch
O ganol yr iorwg; yna'r gŵr
Ar amrant yn cymryd naid i'r dŵr
Gan ddal y cerpyn coch yn ei law
A nofio'n ddewr at y geulan draw.
Ehêd y bwystfil, gan grio'n groch,
Yn syth at y dyn a'r cerpyn coch
Yng nghanol yr afon, a'i safn yn dân,
A darnio'r cerpyn yn llaprau mân.

Mae'n ddydd Ffair Haf, a'r bobl yn awr
Yn tyrru i'r dre, mae'n ddiwrnod mawr,
Yr un mor fawr â'r dydd pan fu
Y Llanc o'r Cryngae'n un o'r llu –
Dafydd eurwallt, ag ar ei fin
Eisoes flaen ffrwyth, ei 'gywyddgwin'.
Mor ddifyr, mor brysur, ac mor braf
Yw Emlyn deg ar ddydd Ffair Haf!

Cynhelir dwy ffair flynyddol yng Nghastellnewydd Emlyn: Ffair Calan Mai (Ffair G'lame ar lafar) ym mis Mai a Ffair Fedi. Y 'Llanc o'r Cryngae' yw Dafydd ap Gwilym. Mae'r bardd yn cael ei gysylltu â Chastellnewydd Emlyn ac yn ôl traddodiad bu'n byw am gyfnod yn ffermdy Cryngae heb fod ymhell o'r dref.

Nid rhyfedd i Sarnicol gyfansoddi baled i Siôn Cwilt, gan iddo gael ei fagu ar gyrion Banc Siôn Cwilt. Mae'r pennill agoriadol yn lleoli'r 'banc', sef rhos neu fryn. Banc llwm iawn yw Banc Siôn Cwilt. Mae Synod (Synod Inn) rhwng Ceinewydd a Llandysul.

Yn y dyddiau gynt daeth hen
fachgen hynod
I fyw ar y banc y tu ôl i'r Synod.
Ni wyddai neb o drum i draeth
Pwy ydoedd, nac o ba le y daeth.
Wedi chwilio a chwalu, a dirfawr
drwbwl,
Caed mai Siôn oedd ei enw, a
dyna'r cwbwl.
Ond saif yr enw ar lechres pigion
Gwŷr od eu hagwedd o Geredigion.

Aeth Siôn ati ar unwaith i adeiladu
tŷ unnos iddo'i hun:
Ac wedi palu a chloddio'n hir
Enillodd o'r cwmin ddarn o dir,
Er na chododd un cynnyrch ond
clawdd, mae'n wir.
Yma dros dalm, bu fel meudwy'n
cwato,
Heb undyn yn byw'n rhy agos ato.

Pan ddaeth Siôn i'r ardal roedd
mewn 'siwt ddu'r ddafad; eithr ddim
am yn hir.
Ond mynd y mae dillad pawb ryw
bryd,
Fel popeth arall yn hyn o fyd –
Torri a threulio a wnânt o hyd,
Ac aeth dillad Siôn yn dyllau i gyd.

Rhaid felly oedd clytio'r hen siwt nes iddi edrych fel cwilt a dyna roddi enw newydd iddo, sef Siôn Cwilt. Nid oedd Siôn Cwilt mor ddiniwed â'i olwg chwaith. Yr oedd (medden nhw) yn smyglwr peryglus ar draeth Cwmtudu. Gwinoedd, rỳm a phob gwirod oedd at ei ddant.

Mae dwy stori drist o gymdogaeth Llambed am ddwy ferch yn marw o dorcalon. Aeres Maesyfelin yw'r gyntaf

– chwedl wedi ei lleoli rhwng afonydd Teifi a Thywi. Chwedl sydd felly'n clymu sir Aberteifi a sir Gaerfyrddin ond y farn gyffredin yw nad oes fawr o sail hanesyddol iddi. Roedd Sam, mab y ficer Rhys Prichard o Lanymddyfri wedi ymserchu ag Elen, merch plas Maesyfelin, ond llofruddiwyd Rhys gan frodyr Elen. Pan glywodd y ficer am farwolaeth ei fab dywedir iddo gyhoeddi melltith ar Faesyfelin.

Uwchben stori arall – am fab y Dolau a merch y Dyffryn gosododd Sarnicol y pennill telyn hwn:

Mynnaf tsiaen o nawpleth arian
I wneud pont dros Deifi lydan:
Gwallt fy mhen yn ganllaw iddi
Er mwyn y mab sy'n tramwy drosti.

Mae'r stori hon yn rhyfeddol o debyg i stori'r ferch o Gefn Ydfa. Stori serch ydyw am wrthwynebiad rhieni a thorcalon y ferch cyn iddi farw ym mreichiau ei chariad.

Yn y stori hon mae carwriaeth rhwng Morgan Jones o Ddolaugwyrddion ger Llambed ac Elin, merch plas Dyffryn Llynnod, Tregroes ger Llandysul. Am wahanol resymau gwrthwynebwyd y garwriaeth gan rieni Elin. Anfonwyd hi i ysgol ym Mharis. Pan ddychwelodd roedd y garwriaeth yn parhau ac anfonwyd hi i ffwrdd eto. Clafychodd Elin o'r frech wen a bu farw. Cyfansoddwyd baled hyfryd, er mor drist, i gofio am y digwyddiad. Dyma ddetholiad:

Deunaw sgarff a deunaw cleddau,
A deunaw gwas o weision-lifrai,
Deunaw march 'run lliw â'r gigfran
Yn hebrwng merch y Dyffryn allan.

Mae'n anodd plethu dŵr yr afon,
Mewn llwyn teg o fedw gleision,
Dau anhawddach peth na hynny
Yw rhwystro dau fo'n ffyddlon garu.

Sawl sy'n berchen pethau mawrion,
Da'r byd hwn a golud ddigon,
Er dyletswydd plant yw magu,
Dewch 'ddynt 'fatcho' lle bo'u ffansi.

Morgan Jones a Mary Watkin,
A fu mewn cariad mawr diderfyn;
Nes daeth angau i wahanu
rhyngddyn',
Ac mewn un beddrod rhowd hwy
wedyn.

Flynyddoedd lawer yn ôl, wrth bysgota yn afon Aeron, daliodd un o'r pysgotwyr frithyll mawr. Wrth agor y brithyll yn barod i'w goginio, canfu'r pysgotwr fodrwy o faen du o'i fewn. Aeth i weld 'dyn hysbys' a mynd i helynt mawr am geisio cadw'r fodrwy ddu.

Mae'n syndod faint o byllau mewn afon sydd ag enwau arnynt. Mae Cynan yn crybwyll Pwll Du yn ei gân 'Teifi'. Fel hyn mae 'Pwll y Telynor' yn yr un afon yn dechrau:

Ar lan Teifi, ryw filltir o bentref Llandysul, saif Craig Gwrtheyrn. O gylch y Graig erys olion hen gastell a fu'n drigfan i dywysogion yn yr oesoedd gynt.

Yn yr afon wrth droed y graig mae pwll du, enfawr, ac ynn, a derw, a ffawydd yn taflu eu cysgodion drosto. Gan hen drigolion y fro sonnir amdano fel Pwll y Telynor.

Ac fel hyn y cafodd yr enw.

Sonnir weithiau mai pobl syml neu'r gwerinwyr cyffredin a gyfansoddodd y stôr o benillion telyn syml a feddwn fel cenedl. Ond rhaid cofio mai pobl o grebwyll uchel fu wrthi.

Daniel Jones oedd un bardd a ganai'r cyfryw gerddi. Wedi i'w ymgyrch cludo menyn a wyau o sir Aberteifi i sir Forgannwg fethu, trodd Daniel Jones (Daniel Ddu o'r Scubor, 1778-1860), y gwaddotwr ffraeth o Ben Rhiw Coele yn Llandysul, yn faledwr, gan gyflwyno, bob amser y deuai'r cyfle, yn ddramatig. Ef oedd awdur yr 'Ymddiddan rhwng y Bardd a'r Gwcw' y mae iddi ei hudoliaeth tawel ei hunan.

Bu am dymor yn was i David Davis, Castellhywel a phryd hynny yr oedd yn byw mewn tŷ o'r enw Sgubor ar dir Castellhywel. Nid oedd un ffair yn gyflawn heb Daniel a'i ganeuon smala.

Yn *Chwedlau Cefn Gwlad* ceir un stori yn dwyn y teitl 'Y Ferch a Fagodd Estron'. Yng nghorff y stori hon y mae cân werin y bu llawer o ganu arni yn Nyffryn Cletwr. Arthur, mab y Faerdref ger Llandysul a'i cyfansoddodd ar ôl cael siom mewn cariad:

Myfi yw'r bachgen ifanc
   Sy'n cario'r galon drom,
Ond 'n awr rwy'n gorfod 'madael
   A thros y nawfed don.

Pan elwyf dros y ddegfed,
   Chwi ellwch ganu'n iach,
Ni ddeuaf 'nôl drachefen
   I Ddyffryn Cletwr Fach.

Nid o achos nai na chefnder,
   Na brawd na chwaer i mi,

Ond y ferch a fagodd estron
   Sy' ar dorri 'nghalon i.

Bydd y plwm yn nofio'r tonnau
   Fel hwyad las ar lyn
Cyn y torrwy f'addewidion
   A dod yn ôl ffordd hyn.

Chwi aethoch i garu arall,
   A'ch geiriau ffraethlon ffri;
Chwi fedrech gadw'ch meddwl
   A thorri 'nghalon i.

Tybed ai ar ôl i'r gân gael ei chyfansoddi y tyfodd y stori o'i hamgylch?

O gymharu â siroedd cyfagos (Penfro a Chaerfyrddin) bu Ceredigion yn ffodus iawn i gynaeafu stôr helaeth o ganeuon gwerin. Un rheswm am hynny yw'r ffaith i nifer o garedigion fynd ati'n ddygn i gasglu'r caneuon cyn iddynt fynd oddi ar gof.

Yn 1915 penodwyd Dr John Lloyd Williams (llysieuydd enwog a cherddor) yn Athro Llysieueg yng Ngholeg Prifysgol Cymru, Aberystwyth. Yn y *Bywgraffiadur Cymreig* 1941-1950 (tud.62) dywedir:

> Bu iddo ran bwysig yn sefydlu Cymdeithas Alawon Gwerin Cymru, yn 1906, a bu'n olygydd cylchgrawn y gymdeithas. Bu hefyd yn olygydd *Y Cerddor*. Casglodd ef ac Arthur Somerville ddwy gyfrol o alawon Cymreig (Boosey and Co.).

Roedd J. Lloyd Williams yn un o'r rhai blaenaf gyda'r gweithgarwch mawr yn Aberystwyth a byddai myfyrwyr y coleg yn mynd allan i'r wlad i gasglu caneuon. Y brifysgol a'r werin yn cydweithio mewn harmoni.

Un o'r myfyrwyr mwyaf brwd oedd Cassie Davies. Roedd ganddi ddarlith ddiddorol ar 'Ganu Gwerin yng Nghymru'.

Gwelodd Cymdeithas Hynafiaethwyr Ceredigion yr angen i gael casgliad o ganeuon gwerin y sir. Cyhoeddwyd y casgliad *Forty Welsh Traditional Tunes* gan Wasg Prifysgol Rhydychen ar ran y gymdeithas. Golygwyd y deugain alaw gan David de Lloyd a'r geiriau gan D. Cledlyn Davies, Cwrtnewydd. Bu Cledlyn ynghyd â David Thomas (mab Dewi Hefin) ymhlith y casglwyr ond y gŵr a gasglodd y rhan fwyaf ohonynt oedd John Ffos Davies. O'r deugain cân a gyhoeddwyd fe gasglodd J. Ffos Davies dair ar hugain ohonynt. Roedd ganddo'r ddawn fel cerddor i gofnodi'r alawon a hynny mewn cyfnod pan nad oedd recordyddion tâp soffistigedig na chasetiau.

Dichon iddo fod yn lwcus yn yr ardaloedd yr oedd yn gyfarwydd â hwy: bro ei febyd o gwmpas Gorrig, Llandysul a bu'n ysgolfeistr mewn dwy ardal gyfoethog ym maes canu gwerin, sef Cribyn a Felin-fach.

Dyma rai o'r caneuon: 'Y March Glas', 'Lisa Dal-y-sarn', 'Twll Bach y Clo', 'Yr Hogen Goch', 'Cân Ffarwél i ferched Llanwenog', 'O wel 'te'n wir!', 'Un ac un o'm brodyr', 'Lwlibai' a 'Cwyn llanc am ei gariad'. (Cwyn *llanc* sylwch. Gwrthwynebiad i fachgen garu merch dlawd o'r ardal sydd yn y gân hon.)

Un o'r caneuon enwocaf yw 'Lisa Dal-y-sarn':

Mae sôn am lawer merch,
  A sôn mae'n debyg fydd

Tra paro swyn mewn serch,
  A 'roglau pêr y gwŷdd;
Ond er pob sôn y sydd,
  Y glana 'nôl fy marn,
Ar ddôl neu dwyn, a'r pura'i swyn
  Yw Lisa Dal-y-sarn.

Tra nytho'r crychydd glas
  Ar binwydd mawr Llan Llur,
Tra cenfydd llygad gwas
  Afallen hardd ar fur,
Tra gwesgir merch at fron
  Ar dwyn neu weiriog garn,
Pereiddiaf glod fydd is y rhod
  I Lisa Dal-y-sarn.

Yn ogystal â bod yn garuaidd mae rhywbeth yn Gardïaidd yn y gân 'O Wel 'te'n wir!':

Mi es i rhyw ddiwyrnod
  I gwrdd a'm hannwyl 'Wen;
Pan dd'wedais wrthi 'meddwl
  Fe chwarddodd ar fy mhen;
Pan dd'wedais wrthi 'nheimlad,
  A hynny'n ddigon clir,
Dechreuai'r ferch a chwerthin
  Gan ddweud 'O wel 'te'n wir'.

Cytgan:
  Wel 'te'n wir! 'O wel 'te'n wir!
  O dyna'i chi, wel 'te'n wir!'
  Y maent hwy'n dweud y gwir
  Mai arwyddair y merched bach
  Yw dweud 'O wel 'te'n wir!'
  Dyna'i chi, wel 'te wel 'te'n wir!

Roedd yr arfer o gnocio (cnocio ffenest) yn digwydd yn sir Aberteifi hefyd. Mynegodd cariadon sir Fôn y peth yn fwy clasurol yn y gân:

'Os daw fy nghariad i yma heno
  I guro'r gwydr glas.'

Ond yn sir Aberteifi, 'cnocio' a wnaent:

Fe drawodd ar fy meddwl,
  A hefyd yn fy serch
I fyned ar ryw noswaith
  I fferm i dreio'r ferch: Ffal-di-ral.

Fe gnociais yn y ffenest
  Lle'r ydoedd deuliw'r rhos,
Ond meddai hithau'n union,
  'Mae'n llawer iawn o'r nos.'
  Ffal-di-ral.

Dowch yma nos yfory
  Ynghynt, ryw awr neu ddwy, –
Bydd 'well gen i eich cwmni
  Na neb o fewn y plwy.'
  Ffal-di-ral.

Baledwyr Pen Ffair

Roedd y baledwr yn ymwelydd poblogaidd mewn ffeiriau ar hyd a lled Cymru. Yn ogystal â chanu baledi byddai hefyd yn eu gwerthu. Dyma enwau y baledwyr mwyaf adnabyddus oedd yn arfer mynychu ffeiriau Ceredigion: Richard Williams (Dic Dywyll neu'r Bardd Gwagedd fel y'i gelwid), Abel Jones (y Bardd Crwst), Owen Griffith (Ywain Meirion) a Dafydd Jones (Dewi Medi, Dewi Dywyll).

I'r rhai sydd am ymchwilio i hanes y baledwyr yng Ngheredigion y mae o leiaf ddwy gyfrol yn hanfodol sef *I Fyd Y Faled* gan Dafydd Owen a *Hen Faledi Ffair* gan Tegwyn Jones.

Cyfeiria Dafydd Owen at nifer o'r baledwyr oedd yn dioddef oddi wrth ddallineb neu led-ddallineb – Richard Williams (Dic Dywyll), Abel Jones, Dafydd Jones o Lanybydder (Dewi Dywyll), William Bowen, Pen-cae, Dafydd Jones, Tanglwst Fach, Rhydlewis a Lefi Gibwn o Gwmfelin-mynach:

Sylweddolwyd y gellid cysylltu'r dallineb a'r cydymdeimlad torfol yn fwy uniongyrchol nag wrth hwrjio'r cerddi o ddrws i ddrws yn unig.

Brodor o dref Llanbedr Pont Steffan yw Hefin Jones, awdur *Dic Dywyll y Baledwr.* Ceir cyfrol ar *Abel Jones y Bardd Crwst* yn yr un gyfres gan Tegwyn Jones, yntau'n ŵr o Geredigion.

Byddai'r baledwyr yn canu ymron ar bob testun o dan haul megis trychinebau, llofruddiaethau, llifogydd, tân, helyntion Beca a'r Degwm, a dyfodiad y trên. Y baledwr enwocaf o fro Llambed oedd gŵr o'r enw David Jones o Lanybydder. Gelwid Dafydd Jones (1803-1868) yn Dewi Medi, Deio'r Cantwr a Dewi Dywyll. Gŵr tal a gwanllyd ydoedd ac roedd ganddo lais cryf a chras a het gantel fawr yn gorffwys oddi ar ei dalcen bob amser. Câi ei dywys o le i le gan ei ferch fach wedi iddo golli ei olwg pan aeth llwch calch a chwalai hyd gaeau'r Dolau Bach i'w lygaid a'u llosgi. Digwyddiadau anarferol a ffasiynau a brociai ei awen. Er ei fod yn gwmnïwr diddan, byddai'n mynd yn hy ar chwaeth ar brydiau, yn ôl barn rhai o leiaf. Yr oedd ganddo briod ystumiau ac ni fyddai neb byth yn blino arno'n canu ei faled 'O, Wel 'Te'n Wir'. Lluniodd dros drigain o faledi er i gyfrannwr yn *Cymru* ddweud mai un faled ar ddeg oedd wrth ei enw. Priododd ferch o Ddolgellau, lle cyhoeddwyd ei *Ganiedydd Digrif* a bu'r ddau'n byw mewn bwthyn ger marchnadle Llanbedr Pont Steffan.

Os mai ysgafn oedd ei gerddi, un dull gan Dafydd Jones o sicrhau cylchrediad i'w gerddi oedd cymell y chwerthin ymlaen llaw, fel yn ei 'Gân Ddigrif i Farchnad Aberdâr ar nos Sadwrn', un a genid ar dôn 'Robin yn Swil', a'i faled i 'Ddull Ffair Llanbedr Pont Steffan':

Fel 'rown yn rhodio Llambed,
    ar'forau ffair yn ffri,
Fe d'rawodd pwl o chwerthin
    rhyfeddol arnaf fi . .

Mae Lilian Parry-Jones (cyn-brifathrawes ysgol gynradd Rhydcymerau) wedi gwneud casgliad o faledi Dafydd Jones ac astudiaeth ohonynt am radd uwch.

Canodd sawl baledwr i Beca a'i merched ac nid oedd Dafydd Jones o Lanybydder yn eithriad. Dyma bennill cyntaf ei faled 'Cân newydd sef ychydig o hanes bywyd Beca a'i merched, fel y maent yn torri'r tollbyrth mewn amrywiol fannau':

Rhyw ddynes go ryfedd yw Beca
    Am blanta mi goeliaf yn siŵr,
Mae ganddi rai cannoedd o ferched,
    Er hynny d'oes ganddi 'run gŵr,
Mae hyn yn beth achos rhyfeddu
    I bawb yn gyffredin trwy'r wlad,
Pa fodd y mae Beca yn medru
    Rheoli'r holl blant heb un tad.
(Byrdwn)
Nid amal y bu ffasiwn beth.

Cyn gadael ardal Llanybydder rhaid cyfeirio at lofruddiaeth erchyll ofnadwy pan laddwyd Hannah Davies â bilwg Dafydd Ifans ar Fynydd Pencarreg yn 1829. Daeth y faled i'r llofruddiaeth ag enw Stephen Jones ('Llanfaerwy' y beirdd) i amlygrwydd. Brodor o ardal Cilcennin oedd ef a'i waith oedd casglu carpiau hyd y wlad yn ogystal â chyfansoddi a gwerthu baledi. Wedi symud i Aberystwyth i fyw gwelodd gyfle i wneud ceiniog trwy gadw mulod ar Ffordd y Môr ar gyfer rhoi reidiau i'r plant.

Mae baled Stephen Jones (Llanfaerwy) i'w gweld yn y gyfrol *Gwaed ar eu Dwylo* gan T. Llew Jones. 'Hanes Llofruddiaeth Druenus Hannah Davies, ar Fynydd Pencarreg yn Swydd Gaerfyrddin' yw'r teitl a roes Stephen Jones i'w faled ac mae ynddi ddisgrifiadau graffig a chreulon. Dyma un pennill yn unig:

Roedd merch ym mhlwyf
                Pencarreg,
Yn swydd Gaerfyrddin fawr,
A'i henw Hannah Davies,
Boed hysbys i chwi nawr;
A honno mewn gwasanaeth
Yn barchus iawn yn bod,
Yn caru â mab ieuanc
O gwmpas ugain o'd.

'Cariad Creulon' yw teitl y bennod ar hanes y trychineb ofnadwy yn yr un llyfr.

Yn haf 1846 bu storm fawr yn Nyffryn Aeron a glannau'r arfordir rhwng Aberaeron a Llan-non. Owen Griffith (Ywain Meirion) a ysgrifennodd y faled i gofio'r digwyddiad trist: 'Cân yn rhoi ychydig o hanes yr Ystorm a'r Llif Dychrynllyd yng nghyd a'r Golled o Fywydau a Meddiannau a gymerodd le yn Sir Ceredigion yn niwedd Gorffennaf a dechrau Awst 1846' ar fesur 'Cwynfan Prydain'. Dyma dri phennill o'r faled:

Y fforchog fellt a wibiai'n sydyn
    Er braw a dychryn uwch ein tir,
A'r taranau'n groch trwy'r awyr ruai
    Yn ail i dwrf magnelau'n wir,
A'r glaw a'r cenllysg trwm ddisgynnai
    Er braw ar brydiau'n llawer bro
Fel pe buasai nef a daear
    Mewn rhyfel trwm ar hynny o dro.

A'r Doctor Rogers, Abermeurig
    A'i was gadd lewyg marwol loes,
Gerllaw Tal-sarn ar eu ceffylau
    Fe ddaeth y ddau i ddiwedd oes,
Y llifeiriant gwyllt a'u daliodd
    Ar y ffordd heb le i ffoi,
'D oedd neb i safio'r rhain rhag boddi –
    Trwm fu'r cledi ddarfu eu cloi.

Bu yn Llan-non yn galed ddigon
    Ar y trigolion – Duw a'i gŵyr!
Ca'dd tri ar ddeg o dai'n Llanddewi
    Eu sgubo gan y lli yn llwyr,
Gan fellt a thranau, glaw arswydus
    A ddaeth yn ôl ewyllys Iôr,
Ca'dd mynwent Llansanffraid ei dryllio
    Gan garic meirw oddi yno i'r môr.

Llanddewi, Aber-arth sydd yma. Eglwys Llansanffraid sydd yn Llan-non. Gwelir y faled yn *Hen Faledi Ffair*.

Yn *Baledi Ywain Meirion* (Tegwyn Jones) mae hanes trychineb arall yn cael ei chroniclo:

Galarnad er cof am y ddamwain alarus a gymerodd le y 18fed o fis Medi 1852, pryd y boddodd wyth o ddynion ar eu dychweliad o'r llong Glyn Aeron, allan o Aberaeron, ynghyd â'r waredigaeth a gafodd David Evans ag oedd yn yr un cwch â'r rhai a gollasant. Enwau y rhai a foddasant, a'u hoedran: Lewis Lewis, 20: David Jones, 50: Evan Evans, 12: John Evans, 16: Mary Jones, 21: Sarah Jones Evans, 16: Daniel John Jones.

Mae llofruddiaeth arall yn cael sylw gan Ywain Meirion. Saethwyd Dafydd Lewis gerllaw Trecastell ar Ragfyr y 6ed, 1844 gan Thomas Thomas o Abergorlech. Yn ei nodyn o eglurhad dywed Tegwyn Jones:

Gŵr gweddw yn byw gyda'i ferch briod a'i fab yn Nhanfforest, Silian. Yr oedd yn un o lawer o fân dyddynwyr Ceredigion a Chaerfyrddin a gymerai ambell daith hir i ardaloedd diwydiannol Morgannwg i werthu nwyddau fferm – yn enwedig menyn – i'r siopwyr yno. Yr oedd ganddo £70 yn ei boced y noson y llofruddiwyd ef. Dienyddwyd y llofrudd Thomas Thomas yn Aberhonddu, Ebrill 10fed, 1845.

Ymhlith y casglwyr baledi yng Ngheredigion roedd J.D. Lewis, sylfaenydd Gwasg Gomer yn Llandysul a Dafydd Jones, Gwalia Stores, Pont Creuddyn ger Llambed. Y mae gwerth hanesyddol tra phwysig i lawer o'r baledi a gasglwyd, yn enwedig y rhai sy'n coffáu digwyddiadau hanesyddol.

Atyniadau Arbennig

Acwariwm Môr Aberaeron
01545 570142
Cyfle i wylio'r creaduriaid a'r pysgod sy'n byw ym Mae Ceredigion.

Amgueddfa Ceredigion – Cangen Llanbedr Pont Steffan
Llyfrgell y Sir, Llambed. 01570 422426
Arddangosfa fechan o hanes lleol.

Amgueddfa Diwydiant Gwlân Cymru
Dre-fach, Felindre, Llandysul. 01559 370929
Amgueddfa sy'n olrhain hanes a datblygiad y diwydiant gwlân Cymreig gydag oriel tecstiliau.

Arfordir Treftadaeth Ceredigion
01545 572141/572137
Dros ugain milltir ·o arfordir sy'n nodedig am y llonyddwch a'r bywyd gwyllt. Trefnir teithiau a sgyrsiau yn yr haf.

Arddangosfa Awyrennau Model
Cellan, Llambed. 01570 422604
Casgliad o fodelau o bron pob math o awyren fu'n hedfan gyda'r RAF a'r FAA. Arddangosfa o frwydrau yr Ail Ryfel Byd hefyd.

Canolfan Bywyd Gwyllt Cymru
Cilgerran, Aberteifi. 01239 621600
Canolfan i ymwelwyr a rhwydwaith o lwybrau troed.

Canolfan Genedlaethol y Cwrwgl
Cenarth. 01239 710980
Casgliad o goryglau o Gymru a thu hwnt.

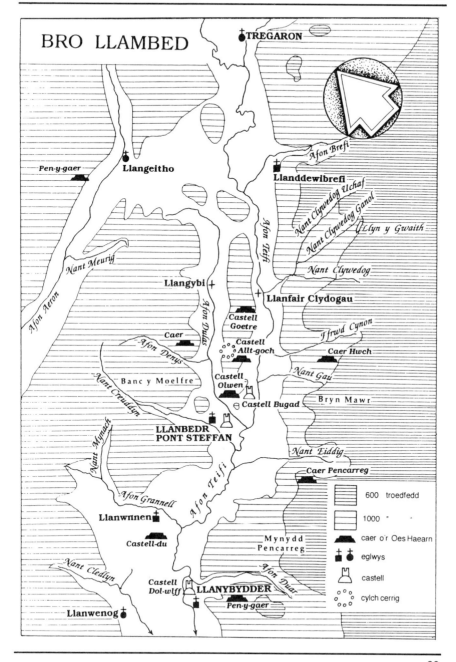

BRO LLAMBED

●TREGARON

Pen-y-gaer ●Llangeitho

✝Llanddewibrefi

Afon Brefi

Nant Clywedog Uchaf
Nant Clywedog Ganol
Llyn y Gwaith

Afon Teifi

Nant Meurig

Nant Clywedog

Afon Aeron

Llangybi ✝

Llanfair Clydogau ●

Afon Dulas

Castell
Goetre

Caer ▲

Afon Denys

Castell
Allt-goch

Ffrwd Cynon

Caer Hwch

Nant Creuddyn

Banc y Moelfre

Castell
Olwen

Nant Gau

Nant Mynach

Castell Bugad

Bryn Mawr

✝ LLANBEDR
PONT STEFFAN

Nant Eiddig

Caer Pencarreg

Afon Grannell

Afon Teifi

Llanwnnen ✝

Castell-du

Mynydd
Pencarreg

Nant Cledlyn

Afon Dŵar

Castell
Dol-wlff ✝ LLANYBYDDER

Pen-y-gaer

Llanwenog ●

	600 troedfedd
	1000 " ..
▲	caer o'r Oes Haearn
✝ ●	eglwys
⌂	castell
°°°	cylch cerrig

89

Canolfan Grefftau Aberaeron
01545 570075
Deunaw o weithdai a siopau amrywiol.

Canolfan Treftadaeth Aberteifi
01239 614404
Arddangosfa o hanes y dref a'r porthladd.

Canolfan Treftadaeth Ceinewydd
01545 572142
Arddangosfa o hanes morwrol Ceinewydd ynghyd â bywyd gwyllt Bae Ceredigion.

Canolfan y Barcud Coch
Tŷ Penlan, Tal-sarn, Llambed. 01570 470214
Cyfle i wylio'r barcud prin yn bwydo. Rhaid cysylltu â'r ganolfan ymlaen llaw.

Gwinllan Ffynnon Las
Ffordd Llambed, Aberaeron. 01545 570234
Cyfle i flasu'r gwin a cherdded drwy'r winllan.

Gŵyl y Cnapan, Ffostrasol
01239 858955
Gŵyl werin a gynhelir am wythnos ym mis Gorffennaf.

Llannerch Aeron, Aberaeron
01545 570200
Tŷ bonedd o'r ddeunawfed ganrif sydd dan ofal yr Ymddiriedolaeth Genedlaethol.

Rheilffordd Dyffryn Teifi
01559 371077
Taith 40 munud ar y trên bach o Henllan, Llandysul.

Traeth y Mwnt
Tir sydd dan ofal yr Ymddiriedolaeth Genedlaethol gyda golygfeydd godidog. Yn fwyaf adnabyddus oherwydd yr eglwys fechan a saif ar safle hen eglwys Geltaidd ac a fu'n gyrchfan bwysig i'r pererinion ar eu taith i Ynys Enlli.

Theatr Felinfach, Felin-fach, Dyffryn Aeron
01570 470697
Perfformiadau gan gwmnïau lleol a chenedlaethol.

Theatr y Mwldan, Aberteifi
01239 621200

Atyniadau Hamdden

Bowlio
Clybiau yn y Rookery, Llambed, Llandysul ac Aberaeron. Croeso cynnes i ymwelwyr.

Canolfannau Hamdden
Canolfan Hamdden Llanbedr Pont Steffan, Teras Ffynnon Bedr. 01570 422522
Canolfan Hamdden Castellhywel, Pont-siân, Llandysul. 01545 590209
Canolfan Hamdden Teifi, Aberteifi. 01239 621287

Cerdded llwybrau
Clwb Cerdded Aberteifi. 01239 711057
– Teithiau cerdded bob pythefnos.
Clwb Cerdded Llambed. 01570 480041
– Teithiau cerdded wythnosol yn yr haf a phythefnosol yn y gaeaf.
Arfordir Treftadaeth Ceredigion. 01545 572141/2

Golff
Clwb Golff Teuluol Aberaeron (9 twll). 01545 571329
Clwb Golff Cilgwyn, Llangybi, Llambed (9 twll). 01570 493286
Clwb Golff Aberteifi, Gwbert (18 twll). 01239 615359
Clwb Golff Gwbert, Aberteifi (9 twll). 01239 613241

Hwylio
Clwb Hwylio Aberaeron. 01545 570077
Cymdeithas Hwylio a Physgota Llangrannog. 01239 654459

Clwb Cychod Teifi, Gwbert. 01239 613846
Clwb Hwylio Tre-saith. 01239 810232
Clwb Hwylio Ceinewydd. 01545 560516

Iechyd a Ffitrwydd
The Barn House, Llan-non, Aberaeron. 01974 202581
Triniaethau aromatherapi ac adweitheg er lles y corff gan therapydd profiadol.

Merlota
Canolfan Marchogaeth a Merlota Cwmtudu, Pantrhyn, Ceinewydd. 01545 560494
Cyfle i farchogaeth drwy 80 erw o goedwig ac o gwmpas Bae Ceredigion. Ceffylau at bob safon ar gael.

Pyllau Nofio
Aberaeron 01545 570871
Aberteifi 01239 613632
Llambed 01570 422727
Llandysul 01559 352548

Pysgota
Ymholiadau cyffredinol: Swyddfa Ardal Asiantaeth yr Amgylchedd. 01437 760081
Pysgota dŵr croyw – gwybodaeth gan Ganolfannau Gwybodaeth i Ymwelwyr Ceredigion neu drwy ffônio 01970 612125.

Rygbi
Clwb Rygbi Aberaeron, Parc Drefach, Aberaeron. 01545 571218
Clwb Rygbi Llambed, Ffordd y Gogledd, Llambed. 01570 422785

Sboncen
Clwb Sboncen Aberteifi.
01239 612028/612035
Aelodaeth ddyddiol ar gael.

Sgio
Canolfan Sgio Llangrannog, Gwersyll
yr Urdd, Llangrannog. 01239 654656
Llethr can medr, gwersi a chyrsiau.

Llyfryddiaeth

Clwb Ffermwyr Ieuainc Cwm-ann – *Hanes Plwyf Pencarreg,* Cwm-ann (1976)

Davies, Aneirin Talfan – *Crwydro Sir Gâr,* Llandybïe (1955)

Davies, D. Jacob – *Y Fflam Fyw,* Aberdâr

Davies, D. Lledrod – 'Ystraeon y Gwyll', *Cymru* 4, 5 a 6 (1893)

Davies, D.R. a Z.S. Cledlyn – *Hanes Llanwenog: y Plwyf a'i Bobl,* Aberystwyth (1939)

Davies, Kate – *Hafau Fy Mhlentyndod,* Llandysul (1970)

Davies, Llinos M. – *Crochan Ceredigion,* Aberystwyth (1992)

Edwards, D. Islwyn – *Cerddi Cerngoch,* (argraffiad newydd) Felin-fach (1994)

Edwards, Hywel Teifi – *Llanbedr Pont Steffan,* Llandybïe (1984)

Ellis, T. I – *Crwydro Ceredigion,* Llandybïe (1952)

Evans, D.J. Goronwy – *Deri o'n Daear Ni,* Llandysul (1984)

Evans, D. Silvan a Jones, John – *Ystên Sioned,* Aberystwyth (1882)

Evans, Myra – *Casgliad o Chwedlau Newydd,* Aberystwyth (1926)

Griffiths, E.T. – *Storïau Glannau Ystwyth,* Aberystwyth (1957)

Gruffydd, Eirlys – *Gwrachod Cymru Ddoe a Heddiw,* Llanrwst (1988)

Gwyndaf, Robin – *Straeon Gwerin Cymru,* Llanrwst (1988)

Huws, John Owen – *Y Tylwyth Teg,* Llanrwst (1987)

Isfoel – *Hen Ŷd y Wlad,* Llandysul (1966)

James, Eiddwen – *Cymysgedd,* Llandysul (1944)

James, M. Euronwy (gol.) – *Englynion Beddau Ceredigion,* Llandysul (1983)

Jones, D. Gwenallt – *Cofiant Idwal Jones, Llanbedr Pont Steffan,* Aberystwyth (1958)

Jones, Elizabeth Megan – *Bro Mebyd,* Felin-fach (1989)

Jones, Hefin – *Dic Dywyll y Baledwr,* Llanrwst (1995)

Jones, Idwal – *Cerddi Digri Newydd,* Llandysul (1937)

Jones, Ifan – *Cerddi y Pren Gwyn,* Aberystwyth (1968)

Jones, Islwyn – *Yn ei Glocs mewn Brethyn Gwlad (John Jenkins),* Aberystwyth (1981)

Jones, J. Islan – *Yr Hen Amser Gynt,* Aberystwyth (1958)

Jones, Tegwyn – *Hen Faledi Ffair,* Tal-y-bont (1970)

ibid. – *Abel Jones y Bardd Crwst,* Llanrwst (1989)

Lewis, W.J. – *Ceredigion: Atlas Hanesyddol,* Aberystwyth (1956)

Llewelyn, W.D. – *Crynodeb o Hanes Cribyn,* Cribyn (1977)

Morris, John ac Evans, R. E. H. – *Eglwys y Plwyf, Llanwenog* (1970)

Owen, Dafydd – *I Fyd y Faled,* Dinbych (1986)

Price, D.T.W. – *Yr Esgob Burgess a Choleg Llanbedr,* Caerdydd (1987)

Richards, Thomas – *Atgofion Cardi,* Aberystwyth (1960)

ibid. – *Rhagor o Atgofion Cardi,* Aberystwyth (1963)

Saer, D. Roy (gol.) – *Caneuon Llafar Gwlad (Cyfrol 1),* Caerdydd (1974)

Sampson, Aylwin – *Llanbedr Pont Steffan,* Aberystwyth (1972)

Thomas, Thomas Jacob – *Chwedlau Cefn Gwlad,* Aberystwyth (1944)

ibid. – Storïau ar Gân, Aberystwyth (1939)

Thomas Jones (gol.) – *Awen Aberystwyth,* Aberystwyth (1939)

Thorne, David – *Chwedlau Gwerin Glannau Teifi,* Llandysul (1981)

Darllen Pellach

Davies, D. Elwyn (gol.) – *Y Smotiau Duon*, Llandysul (1980)

Davies, T. Eirug a Richards, Timothy – *Trem ar Ganmlwydd Eglwys Soar, Llanbedr 1831-1931*, Llambed (1931)

Davies, T. Eirug – *Hanes Bethel, Parc-y-rhos at Gyrddau Dathlu ei Chanmlwydd, Mai 28 a 29, 1940*, Llambed (1940)

Evans, D. J. Goronwy – *Hanes Eglwys Undodaidd Brondeifi 1874-1974*, Llandysul (1974)

Evans, John Silas – *Hanes Plwyf Pencarreg*

Griffiths, J. Henry – *Bro Annwyl y Bryniau*, Aberystwyth (1988)

Gruffydd, W. J. – *Canmlwyddiant Noddfa'r Bedyddwyr Llanbedr Pont Steffan 1897-1997*, Llambed (1997)

Isaac, Evan – *Coelion Cymru*, Aberystwyth (1938)

Jenkins, Dan ac Ap Ceredigion – *Cerddi Cerngoch*, Llanbedr Pont Steffan (1904)

Jenkins, David – *Bro Dafydd ap Gwilym*, Aberystwyth (1992)

Jenkins, David – *The Agricultural Community in South-West Wales at the turn of the Twentieth Century*, Caerdydd (1971)

Jenkins, Geraint – *Crefftwyr Gwlad*, Llandysul (1971)

Jones, D. Gwenallt – *Storïau a Pharodïau Idwal Jones*, Llandysul (1944)

Jones, Elizabeth Inglis – 'Hanes y Dderi yng Ngheredigion', *Cylchgrawn Cymdeithas Hynafiaethwyr Ceredigion* (Cyfrol X), (1986)

Jones, J. Eric – *Capel Undodiaid Cribyn*, Caerdydd (1990)

Lloyd, John Edward – *The Story of Ceredigion (400-1277)*, Caerdydd (1937)

Lloyd, D. T. a Jones, E. D. – *Braslun o Hanes Ebenezer, Llangybi 1772-1972*, (1972)

Morgan, Gerald – *Cyfoeth y Cardi*, Aberystwyth (1995)

ibid. – *Helyntion y Cardi*, Aberystwyth (1997)

Phillips, Bethan – *Rhwng Dau Fyd: Y Swagman o Geredigion*, Aberystwyth (1998)

Saer, D.J. – *The Story of Cardiganshire*, Caerdydd

Thomas, David – Ei bapurau i'w gweld yn y Llyfrgell Genedlaethol. Hanfodol wrth astudio llên gwerin y sir.

Williams, Cyril G. – *Timothy Richard (O Ffaldybrenin i China)*, Cwm-ann (1995)

Mynegai